P. ROMAIN

ROME et l'Action Catholique

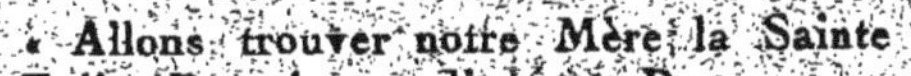

« Allons trouver notre Mère la Sainte
« Eglise Romaine, et disons au Pape ce que
« Dieu a déjà fait par notre entremise, afin
« que nous poursuivions selon sa volonté et
« sous ses ordres l'œuvre que nous avons
« commencée. »

(Saint François d'Assise).

"Editions Spes"
17, rue Soufflot — PARIS (Ve)

1927

www.ingramcontent.com/pod-product-compliance
Ingram Content Group UK Ltd.
Pitfield, Milton Keynes, MK11 3LW, UK
UKHW020935180726
13838UKWH00002B/953

Rome et l'Action Catholique

P. ROMAIN

ROME et l'Action Catholique

« Allons trouver notre Mère la Sainte « Eglise Romaine, et disons au Pape ce que « Dieu a déjà fait par notre entremise, afin « que nous poursuivions selon sa volonté et « sous ses ordres l'œuvre que nous avons « commencée. »

(SAINT FRANÇOIS D'ASSISE).

" Editions Spes "
17, rue Soufflot — PARIS (Ve)

1927

Permis d'imprimer,

Paris, 18 octobre 1927.

V. Dupin,

v. g.

Dédié

au Général de Castelnau, Président de la F.N.C.

TABLE DES MATIÈRES

I. L'Action Catholique

La Fédération Nationale Catholique et les partis politiques

1. Le Pape Chef de l'Action Catholique.

Il y a des divergences légitimes entre catholiques en matière d'opinions, et en matière d'action il y a une juste liberté que l'Eglise reconnaît à ses fils, et qu'au besoin elle travaille à sauvegarder.

Mais il y a des divergences qui ne sont pas légitimes : celles qui ont trait au but, à l'objet, à l'organisation générale de l'Action Catholique. Depuis trente ans, le Pape, Chef suprême de l'Action Catholique, a donné ses ordres avec une netteté de plus en plus grande: Léon XIII, Pie X, Benoît XV et Pie XI ont précisé la nature et l'objet de l'Action Catholique, sa fin, les règles auxquelles elle doit se soumettre. Il peut y avoir parfois quelque hésitation sur l'application des directives pontificales à tel ou tel cas particulier : mais il ne doit pas y en avoir sur ces directives elles-mêmes. Malheureusement elles sont fort peu connues parmi les catholiques français, et surtout on ne connaît guère en France les raisons qui justifient les directives romaines et l'orientation donnée à l'Action Catholique.

Il faut bien le dire : il nous manque le sens romain, sans lequel il n'y a pas de sens catholique. Les moindres incidents politiques ont chez nous une répercussion extraordinaire, tandis que l'orientation générale de l'Action Religieuse et de l'Action Catholique reste un mystère pour la masse des catholiques ; le moindre geste de Briand ou de Poincaré est commenté plus abondamment que les actes les plus graves du Saint-Siège ; le plus banal *laïus* d'un obscur député ou d'un sous-ministre fixe l'attention des catholiques beaucoup plus et beaucoup plus longtemps que l'Encyclique *Ubi arcano* précisant l'orientation du Pontificat de Pie XI et traçant les règles de l'Action Catholique, ou que le sermon du Pape à la Pentecôte de 1922, appel vibrant au monde catholique tout entier en faveur de l'évangélisation des infidèles.

Il faut, à tout prix, rétablir parmi nous la notion du Pape-Chef. J'entends bien qu'on ne la nie pas formellement. Mais on se conduit pratiquement comme si l'on ignorait que le Pape, Pontife et Docteur, est aussi Chef et Pasteur. Sans doute, quand les catholiques se trouvent en face d'un ordre formel du Pape, en règle générale ils s'inclinent. Mais que d'incompréhensions souvent dans cette obéissance passive ! Non, cette obéissance passive ne nous suffit pas : elle n'est digne ni du Pape, ni de nous. Notre obéissance doit être active : entendez par là qu'en matière d'action religieuse ou d'action catholique, non seulement nous devons nous incliner devant les ordres formels du Pape quand ces ordres se produisent, mais nous devons veiller très attentivement à faire cadrer notre activité avec les directives romaines, donner à notre activité l'orientation indiquée par le Chef, porter notre activité sur les terrains qu'il indique, l'exercer selon les modalités voulues par lui.

Cette obéissance active au Pape en matière d'action religieuse et d'action catholique, il y a longtemps que la formule en a été donnée par saint François d'Assise : « Allons trouver notre « Mère la Sainte Eglise Romaine, et disons au « Pape ce que Dieu a déjà fait par notre entre- « mise, afin que nous poursuivions selon sa « volonté et sous ses ordres l'œuvre que nous « avons commencée. »

Voilà la véritable obéissance catholique. Et voilà aussi l'unique moyen d'arriver à l'union des catholiques. Chose étrange ! depuis trente ans l'union des catholiques français est l'objet d'innombrables discours et articles, et le plus souvent dans ces discours et articles il n'est pas question des directions pontificales concernant l'Action Catholique, et souvent il apparaît manifestement qu'elles sont totalement ignorées, ou, ce qui est pire, regardées comme inexistantes. Pourtant il est évident que l'union des catholiques ne peut se faire — dans la mesure où elle reste à faire — que sur le terrain indiqué par le Chef suprême des Catholiques, selon les règles tracées par le Pape :

en dehors de là, il ne peut y avoir que confusions et divisions. Inutile de recourir ici à des comparaisons d'ordre militaire : le bon sens suffit pour affirmer que c'est au Chef des catholiques à dire aux catholiques sur quel terrain ils doivent se rassembler et s'unir, pour quel genre d'action, à quelles conditions.

Il s'agit ici de préciser autant qu'il est possible et de justifier ce que nous paraissent devoir être le rôle de la Fédération Nationale Catholique et ses relations avec les groupes politiques, en se basant sur les directives pontificales concernant l'Action Catholique.

2. L'Action Catholique, la F. N. C. et les directions pontificales.

Des documents récents nous permettront de voir clairement comment le Pape comprend l'action de la Fédération Nationale Catholique (F. N. C.).

D'abord, il est certain que la F. N. C. (tout ce qui sera dit de la F. N. C. s'appliquera aussi aux Unions Catholiques Diocésaines) constitue un groupe d'Action Catholique ayant une certaine autonomie et responsabilité propres, fonctionnant sous la direction de l'Episcopat et du Pape. La décision récente de la Sacrée Pénitencerie concernant l'Action Française le dit expressément et y ajoute la Jeunesse Catholique et les Scouts Catholiques. Ces groupes constituent donc en France ce que Rome appelle des organismes de l'Action Catholique.

Mais, d'autre part, d'innombrables documents nous donnent la pensée du Pape au sujet des relations qui doivent exister entre les groupes d'Action Catholique et les groupes d'action politique ou partis.

L'*Osservatore Romano* du 2 mars 1927, dans un article reproduit dans le *Credo* du mois d'avril, donne en quelques lignes, un heureux commentaire de la pensée pontificale sur les principes qui doivent présider à l'Action Catholique en notre pays :

« Le Saint-Père a reçu en audience le général « de Castelnau, président de la Fédération Catho- « lique de France. Il a redit au citoyen exem- « plaire, au soldat très valeureux, au fervent « catholique, toute sa prédilection pour l'Action « Catholique. Celle-ci, en dehors et au-dessus de « tout parti, aux côtés de l'Eglise, en face des dif- « férents régimes politiques, groupe dans une « fraternelle et solide union tous les catholiques, « toutes les âmes droites, tous les gens de bien, « dans les principes de la doctrine et de la morale « chrétiennes.

« Pie XI a répété pour la France ce que tant de « fois il a dit pour l'Italie. La nature et les fins « de l'Action Catholique sont les mêmes partout. « Les moyens peuvent changer pour s'adapter « aux divers génies des peuples, à leurs diffé- « rentes conditions sociales et civiles. Mais ce qui « ne change pas c'est le principe et le but de ce « généreux mouvement laïc qui participe à

« l'apostolat de l'Eglise. Il est lié par un lien dis-
« ciplinaire direct à sa hiérarchie, lien invariable
« dans tous les lieux où s'étendent le bercail du
« Christ et la mission du Suprême Pasteur.

« Ceux qui auraient cru que certains avertis-
« sements et la forme sous laquelle ils sont don-
« nés étaient dus à l'influence de situations parti-
« culières et à une convenance pour ainsi dire
« locale, auront ici la preuve péremptoire de leur
« erreur. En Italie et en France, à la même heure
« de l'histoire, mais dans des situations politiques
« très différentes, l'Action Catholique s'épanouit
« selon les mêmes directives. La semence et les
« récoltes donnent la même moisson, sont aux
« mains des mêmes ouvriers et aboutissent à la
« même économie spirituelle, à la même richesse
« morale. »

« ...Si cette action n'était pas libérée de toute
« compromission de parti ; si l'Action Catholique
« n'était, en somme, qu'un parti, si elle se con-
« fondait avec lui, s'il ne lui était pas possible
« d'être au-dessus, si elle lui confiait son propre
« programme et les principes suprêmes des rap-
« ports sociaux, elle se dénaturerait aux yeux
« mêmes de l'histoire, et noyée au milieu des
« multiples programmes contingents, elle parti-
« ciperait à leurs trop éphémères triomphes et à
« leurs trop ruineux revers. »

En substance l'Action Catholique a pour but de propager et de défendre « l'idéal chrétien enseigné par l'Eglise », mais non pas telle ou telle opinion politique ou économique légitimement discutée entre catholiques. La propagande en faveur d'une opinion politique ou économique légitimement discutée entre catholiques relève de ce que Rome appelle « la politique de parti ». Il est remarquable, en effet, que Rome ordonne de maintenir l'Action Catholique, et la Défense Religieuse, qui n'en est qu'un aspect, non seulement « en dehors et au-dessus de tout parti politique », mais encore « en dehors et au-dessus de « toute politique de parti ». Cette seconde formule, qui est toujours jointe à la première, y ajoute évidemment quelque chose ; elle a certainement un sens et ne peut en avoir qu'un : c'est que l'Action Catholique et la Défense Religieuse ne peuvent pas prendre à leur compte ni propager de simples opinions qui sont discutables et légitimement discutées entre catholiques. Tracer un plan de politique financière, élaborer un tarif douanier sont de soi en dehors de leur compétence. La propagande en faveur de semblables opinions constitue indubitablement ce que Rome appelle « la politique de parti » ; et une pareille propagande est interdite aux groupes ou organismes d'Action Catholique ou de Défense Religieuse.

La France n'est pas le seul pays où Rome ait donné de semblables directives à l'Action Catholique. C'est la préoccupation de dégager nettement l'Action Catholique de l'action politique, de dissocier et de désolidariser les organismes d'Action Catholique d'avec les groupes d'action politique, qui, en Italie, détermina le pape à dissoudre, de sa propre autorité, les groupes d'Eclaireurs Catholiques dans les communes de moins de 20.000 habitants, et à déclarer que les autres groupes subsistants ne font plus partie de l'Action Catholique. Les déclarations de la Fédération Italienne des Hommes Catholiques (F. I. U. C.), qui est l'équivalent de notre F. N. C. française, témoignent du même souci (cf. la *Documentation Catholique* du 5 février 1927) car « la nature et les fins de l'Action Catholique sont les mêmes partout ». La mission de l'Eglise, le Pape ne cesse de le répéter, n'est pas d'ordre politique et n'a pas pour but l'organisation temporelle de la cité ou la conquête du pouvoir, mais le salut et la sanctification des âmes. Aux Préfets et aux Vicaires apostoliques de Chine, le. Pape disait (juin 1926): « Qu'ils répètent que la véritable « nature de l'Eglise est spirituelle et qu'elle est « dédiée exclusivement au culte du vrai Dieu et « à l'exercice de la plus parfaite charité. L'Eglise « catholique ne s'est jamais ingérée dans les « affaires politiques, jugeant que sa tâche exclu- « sive est de prêcher l'Evangile. Elle n'organise « pas ses missions pour qu'elles servent d'instru- « ments politiques à une puissance terrestre. » L'*Italie* du 12 juin, signalant cette lettre, disait : « En Chine, comme dans tous les autres pays du « monde, le Saint-Siège s'efforce de plus en plus « de faire pénétrer cette idée que l'Eglise doit « se tenir à l'écart de la politique, qu'elle est « au-dessus des partis et doit être considérée « comme telle. »

« Dans tous les pays du monde », en effet : car nous retrouvons la même préoccupation dans la lettre du Pape à l'Episcopat mexicain de février

1926. Le Pape y recommande aux Evêques d'organiser la défense religieuse et l'Action Catholique en dehors et au-dessus des partis, sous la seule direction de la hiérarchie, et il dissuade les catholiques mexicains de former un parti catholique politique, leur laissant, d'ailleurs, « la juste liberté » de se grouper en partis politiques à étiquettes politiques.

Depuis que ces notes ont été rédigées, l'Action Catholique, on devine sous quelle inspiration, s'est organisée officiellement en Pologne et en Espagne. Il n'y a qu'à lire les règles tracées par le Primat de Tolède pour voir que ce sont partout les mêmes directives concernant les relations entre les organismes d'Action Catholique et les partis politiques ou la politique de parti : « En dehors et au-dessus. »

3. **La F. N. C. et la politique** (Rapport de M. François Saint-Maur, février 1927).

La F. N. C. constitue le groupe principal de l'Action Catholique en France. La F. N. C. doit donc, conformément aux directives pontificales, dissocier nettement son action et celle de ses groupes de l'action des groupes politiques de toutes nuances. Tel est bien son programme. Cependant quelques groupements lui attribuent, évidemment par erreur ou ignorance, d'autres projets capables d'accumuler contre elle un amas de préjugés qu'il pourrait être difficile de dissiper plus tard.

C'est dire l'opportunité de la publication du

rapport de M. François Saint-Maur. Déjà le compte rendu que le *Credo* du mois de mars 1927 en a donné permet de deviner à quelles conclusions pratiques s'est arrêté le Comité Directeur de la F. N. C. Voici le texte de ce compte rendu :

« Principes directeurs dont notre action aura « à s'inspirer : La F. N. C., se maintenant au- « dessus et en dehors des partis, tend unique- « ment à la réalisation de ses buts propres par « l'union de tous les catholiques et l'emploi de « tous les moyens honnêtes et légitimes. Nous « visons à créer chez nos adhérents une mentalité « catholique consciente de ses droits et de ses « devoirs, qui permette de faire de la bonne poli- « tique. Mais laissant aux partis politiques le soin « de faire la politique de parti que nous nous « interdisons, nous n'abdiquons en rien l'exer- « cice de notre action civique et de notre politique « religieuse. En matière d'élection, la participa- « tion à la révision des listes électorales par exem- « ple, leur révision si c'est nécessaire, l'amélio- « ration de la mentalité des électeurs par une « campagne adaptée, rentrent dans le domaine « de l'action civique et constituent des moyens « par lesquels nous pouvons l'exercer. Par con- « tre, nous n'avons pas à choisir, à présenter « des candidats, à dresser des programmes élec- « toraux, ceux-ci comprenant bien d'autres « choses que les buts propres de la F. N. « C. ; cette besogne est celle des groupes politi- « ques et des comités électoraux. Ce que nous « avons le devoir de défendre, de sauvegarder, « de faire progresser, c'est la restauration des

« droits de Dieu. Le cahier des revendications « catholiques est établi ; depuis longtemps, nous « avons proclamé nos objectifs. Le régime « sous lequel les catholiques vivent actuellement « comporte des restrictions inadmissibles, des « ostracismes insupportables ; nous en réclamons « formellement la réforme et nous ne donnerons « notre appui qu'aux hommes qui prendront vis- « à-vis de nous l'engagement de faire prévaloir « nos justes demandes.

« Mais l'élection n'est qu'un de nos moyens « d'action et la période électorale qu'un moment « de notre action et de notre propagande ; il est « par conséquent désirable que l'action civique « se continue avec les Comités électoraux si ceux- « ci sont permanents et avec les candidats si « ceux-ci sont élus. Il ne faut pas, en effet, que « nous soyons victimes de la facilité de la pro- « messe avant les élections et de l'oubli après. »

M. François Saint-Maur ajoute : « Nous ne « saurions trop insister sur le tact, la prudence, « la réserve que la F. N. C. doit mettre à son « action civique. Toutes ces nobles qualités « humaines sont-elles suffisantes ? Nous ne le « pensons pas. Il faut y ajouter cette vertu chré- « tienne plus affinée, la charité, c'est- à dire cet « esprit de désintéressement personnel, de con- « corde, d'amour fraternel, qui rendra notre « tâche plus facile dans les difficultés et plus « féconde en résultats. »

A travers ce résumé du rapport de M. François Saint-Maur nécessairement très succinct (et dont la brochure intitulée : « La F. N. C. après deux ans d'existence » reproduit les articles essentiels), il est facile de deviner que les décisions pratiques de la F. N. C. ressembleront, à quelques nuances près, aux décisions de la Fédération Italienne.

II. L'Action Catholique et l'union des Catholiques

« Union Catholique », « Union des catholiques sur le terrain religieux », il n'est question que de cela dans certains milieux. Or les équivoques qui se cachent sous ces formules, et qu'entretiennent souvent ceux-là mêmes qui les emploient le plus, sont de nature à briser irrémédiablement ou à rendre impossible cette union des esprits et des cœurs, cette entente cordiale, sans laquelle toutes les « Unions » du monde ne serviront de rien.

1. La F. N. C. réalise l'union des Catholiques sur le terrain catholique : Défense et Action.

Il ne saurait être question d'appeler de nos vœux l'union des catholiques en tant que catholiques pour entretenir, exprimer, propager la foi catholique : cette Union est déjà réalisée dans l'Eglise elle-même avec sa hiérarchie et les œuvres d'évangélisation qui en dépendent, qui fonctionnent sous la direction et la responsabilité immédiates du clergé.

Il ne saurait davantage être question d'appeler de nos vœux une Union des catholiques en tant que catholiques pour la Défense Religieuse et pour l'Action Catholique. Cette Union des catholiques n'est plus à chercher : c'est la Fédération Nationale Catholique, qui, avec ses filiales les Unions Catholiques Diocésaines, est officiellement mandatée par l'Episcopat français et par le Pape en tant qu'Union des Catholiques pour la Défense Religieuse et l'Action Catholique.

Notons bien que le rôle de la F. N. C. ne se réduit pas, comme plusieurs semblent portés à le croire, à la défense des libertés religieuses des catholiques. C'est à bon escient que les groupements de même nature ont reçu de Rome, dans tous les pays, le nom d'Action Catholique. Il n'y a qu'à se reporter, par exemple, à la Lettre du Pape à l'Episcopat mexicain, pour constater que l'accent est mis surtout sur l'aspect action beaucoup plus que sur l'aspect défense. L'Action Catholique, dont la F.N.C. est chargée en France, comporte, en effet, un double travail : *a*) défense des intérêts religieux sur le terrain civique ; *b*) action tendant à imprégner les esprits, les mœurs et la législation, des principes chrétiens concernant la vie publique. A Rome, ce second travail est souvent appelé action sociale, ce dernier mot englobant à la fois le politique et l'économique. C'est en ce double sens que l'Action Catholique est comprise et définie par Rome et qu'elle est pratiquée en Italie sous les yeux et sous la direction personnelle du Pape.

Puisque la F. N. C. est un organisme officiel

de l'Eglise, puisqu'aux yeux du Pape l'Action Catholique dont la F. N. C. est officiellement chargée n'est qu'un second « sacerdoce », « une coopération du laïcat à l'apostolat hiérarchique », la F. N. C. devra, comme l'Eglise elle-même dont elle n'est qu'un organisme, se placer sur le terrain des institutions existantes qu'elle acceptera loyalement. Sur ce point, l'enseignement doctrinal de l'Eglise et les directives du Pape ne laissent place à aucun doute et s'appliquent rigoureusement dans toutes les nations, quelle que soit la forme du gouvernement.

Dès lors, peut-on faire partie de la F. N. C. ou Action Catholique, tout en étant personnellement adversaire du régime politique existant, soit en France tout en étant monarchiste ? Laissons de côté l'Action Française : le cas des Ligueurs d'Action Française est tranché par un récent Décret de la Sacrée Pénitencerie, tout comme les cas analogues étaient déjà tranchés en Italie par la décision récente de la F. I. U. C. excluant des groupes d'Action Catholique tous ceux qui appartiendraient à des groupes condamnés par l'Eglise. Mais il y a tout de même en France des monarchistes qui ne sont pas ou qui ne sont plus membres de l'Action Française. Peuvent-ils être en même temps membres de la F. N. C. et membres de groupes monarchistes non affiliés à l'Action Française ? Nous pensons que Oui, sauf à laisser à la direction de la F. N. C. la responsabilité et le soin des précautions pratiques à prendre, si elle le juge utile, pour éviter les confusions possibles et sauvegarder les intérêts de l'Action Catholique.

Le monarchiste catholique pourra donc, en principe, faire partie de la F. N. C.: il y fera de l'Action Catholique avec le catholique républicain et avec le catholique tout court. Malgré les difficultés qui surgiront quand il s'agira des questions de méthode, cela est possible. Si le monarchiste estime que sa situation est fausse dans la F. N. C. qui accepte loyalement le régime établi, la faute n'en est pas à l'Eglise, ni à la F. N. C.: celle-ci de par sa nature même, et son objet, ne peut pas, en tant que groupe, adopter une autre position. Elle ne demande d'ailleurs pas au monarchiste d'adhérer personnellement au régime républicain: elle lui demande seulement de faire avec elle de l'Action Catholique. C'est exactement la même chose qu'elle demande au catholique républicain.

2. La F. N. C. n'est pas une Union électorale des catholiques.

Mais l'Union Catholique dont on parle tant, avec plus ou moins de précision, nous est parfois présentée comme une Union électorale. Beaucoup croient que ce rôle revient de droit à la F. N. C. et pensent candidement que la F. N. C. est appelée à jouer un rôle très considérable dans l'action électorale dès l'année prochaine. Quelques-uns iraient même volontiers jusqu'à réduire toute l'activité de la F. N. C. à une besogne directement électorale. Il y a, sans doute, des causes multiples à cet état d'esprit.

Le fait est que cet état d'esprit est très répandu. et cela peut présenter des dangers sérieux. Notre but est précisément de dissiper les équivoques et les confusions concernant le rôle de la F. N. C. Le Pape croyait devoir signaler, dès la naissance de la F. N. C., le danger de ces équivoques et confusions. Sans que la F. N. C. y soit positivement pour rien, il paraît à beaucoup de bons esprits que ce danger devient de plus en plus grave. Il serait donc urgent de faire ici de la clarté.

a) La F. N. C. ira-t-elle jusqu'à se constituer en Comité électoral ou en Parti politique électoral, se juxtaposant simplement aux partis déjà existants ou se substituant à ceux qui sont composés de catholiques, pour désigner et soutenir les candidats aux fonctions publiques, pour faire les élections ?

Non, très certainement : ni à Rome ni à la F. N. C. on ne veut transformer celle-ci en Comité Electoral Catholique ou en Parti Catholique Electoral, soit en la juxtaposant comme telle aux partis existants, soit en la substituant aux groupes politiques composés en majorité de catholiques. Rome ne cesse de répéter qu'elle laisse aux catholiques, et aux groupes politiques où il y a des catholiques, la juste liberté dans le domaine de l'action politique proprement dite, de l'action électorale pour la conquête du pouvoir et l'administration de la cité. De son côté, la F. N. C. ne cesse de redire qu'elle se tient en dehors et au-dessus des partis, ce qui implique que les partis où il y a des catholiques ne sont pas supprimés ou remplacés par elle. Ce droit à la vie, reconnu expressément par Rome et la F. N. C. aux partis politiques ne peut être rendu illusoire. Le texte du *Credo* cité plus haut montre clairement qu'à la direction de la F. N. C. personne ne rêve de supplanter les groupes politiques. Mais on y songe ailleurs, et en attribuant à la F. N. C. de semblables projets on travaille — inconsciemment peut-être — à semer des défiances entre catholiques et contre la F. N. C. Il y a là un danger à éviter.

On voit du premier coup que le droit à l'existence reconnu par Rome et la F. N. C. aux groupes politiques — droit qui ne peut être rendu illusoire — est gros de conséquences pratiques pour la F. N. C. et pour les groupes politiques.

b) Sans se transformer en Comité électoral se juxtaposant aux groupes politiques ou se substituant à eux, la F. N. C. ne pourrait-elle pas jouer le rôle d'arbitre dans le domaine électoral, quelque chose comme un *super-parti* — quelques-uns traduisent en ce sens-là la formule « au-dessus des partis, » oubliant qu'il y a aussi « en dehors » — imposant des candidats choisis par elle, ou un certain dosage de candidats des diverses nuances, dès le premier tour de scrutin, et cela, partout et toujours, afin d'éviter les compétitions entre candidats catholiques ?

TRÈS CERTAINEMENT NON, car ce serait justement rendre illusoire la juste liberté qui DOIT être laissée aux catholiques dans le domaine temporel, aux groupes politiques dans leur domaine propre.

Nous ne disons pas que Rome ne pourrait pas, en certaines circonstances exceptionnelles, faire cela: elle pourrait le faire en usant de son pouvoir indirect pour des raisons dont elle seule est juge ; elle a fait quelque chose d'analogue en Italie, autrefois, du temps du « *Non expedit* ». Mais il ne s'agit pas ici de ce que Rome pourrait faire : il s'agit de ce qu'elle veut actuellement. Or tout indique clairement qu'elle n'a pas l'intention de réduire grâce à l'action de la F. N. C. l'usage de la juste liberté en matière politique et électorale.

D'ailleurs, donner à la F. N. C. un rôle électoral de cette envergure serait lui faire assumer tous les inconvénients du Parti Catholique — inconvénients qui l'ont fait écarter résolument depuis quarante ans — sans en avoir les avantages, en particulier l'avantage des positions nettes qui est immense dans le domaine électoral. Il n'y a encore qu'à se reporter au texte du *Credo* pour voir que la F. N. C. répudie énergiquement un pareil rôle.

c) Du moins en cas de candidatures multiples de catholiques s'opposant les unes aux autres au second tour de scrutin, au risque de faire passer un candidat dont le programme ne donne pas satisfaction aux catholiques en tant que tels — ce dont la F. N. C. est juge — en ce cas la F. N. C. ne pourrait-elle pas s'interposer et arbitrer ?

Nous le croyons. Evidemment, une telle détermination exige un haut degré de ce tact, de cette prudence, de cette réserve que M. François Saint-

Maur jugeait nécessaires à l'action civique de la F. N. C. Cependant, c'est à elle et aux Présidents ou Comités diocésains qu'il appartient de juger les situations et de donner aux troupes longuement formées à la discipline les directives officielles qui, dans les circonstances concrètes présentes, paraissent les plus avantageuses au programme de l'Action Catholique.

3. Un mythe : Union électorale catholique étrangère à la F. N. C.

Donc inutile de songer à la F. N. C. pour faire une Union Catholique Electorale. Aussi bien, plusieurs semblent songer à une organisation politique, distincte de la F. N. C., qui désignerait officiellement les candidats catholiques ou imposerait un certain dosage de candidats de diverses nuances.

Solution irréalisable en l'état présent des esprits. Ne serait-ce d'ailleurs pas encore là le Parti Catholique Unique constamment écarté par Rome depuis quarante ans ? Mais on peut chicaner sur ce titre ; laissons les mots, et allons aux réalités.

a) L'organisation dont on parle — ou quelque chose de tout à fait analogue — a fonctionné en 1898. La leçon de 1898 n'a-t-elle donc pas été suffisante ? Comment peut-on oublier ou dédaigner ainsi les faits les plus significatifs, les expériences les plus probantes ?

b) L'Union Catholique Electorale dont on parle serait-elle conçue comme une annexe ou comme un organe complémentaire de la F. N. C. ? Que l'on se rassure. La F. N. C., qui tient visiblement à rester dans le rôle qui lui est tracé par son Chef suprême, ne s'y prêtera pas.

c) Si cette Union Catholique Electorale s'organise en groupe indépendant de la F. N. C., ce nouveau groupe, à cause des divergences politiques qui séparent les catholiques, ne pourra avoir d'autre programme que celui-ci : Défense des intérêts catholiques sur le terrain civique, et rien de plus. Or c'est déjà là le programme, ou du moins une partie du programme de la F. N. C. Croit-on sérieusement que les catholiques seront plus unis quand ils auront deux Unions pour le même objet ?

d) Le programme électoral de cette Union se réduira nécessairement, en effet, à la défense des intérêts religieux ; si l'on veut introduire autre chose dans le programme, ce sera immédiatement la dislocation. Or, comme le fait observer judicieusement le *Credo*, un programme électoral doit contenir bien autre chose que les revendications religieuses. Aller aux élections avec un programme aussi réduit, c'est aller à l'écrasement électoral. Se faire illusion là-dessus, c'est... se faire illusion.

e) De qui cette Union Catholique Electorale tiendra-t-elle son autorité, car il est évident qu'il lui faudra une très puissante autorité pour amener les groupes politiques à s'incliner devant elle, à renoncer à leurs revendications politiques et économiques légitimes ? La hiérarchie catholique et la F. N. C. se refusent catégoriquement à demander ce sacrifice aux groupes politiques. Ceux-ci vont-ils faire harakiri, vont-ils se suicider pratiquement, de leur propre mouvement, pour donner satisfaction à ceux qui s'appellent « les catholiques tout court », et qui n'ont mandat que d'eux-mêmes ? Espérer pareille chose, ce serait ne tenir aucun compte des réalités.

f) Supposé que cette Union Catholique Electorale réussisse, en vertu d'une tolérance de la hiérarchie, de la F. N. C. et des groupes politiques, à s'organiser, elle ne peut avoir pour programme que la Défense des intérêts religieux: celle-ci, partie de l'Action Catholique, doit se faire sous la direction de l'Eglise et sur le terrain des institutions existantes: telles sont les directives formelles de Rome; du coup, voilà cette Union Catholique Electorale obligée de se placer, en France, sur le terrain des institutions républicaines existantes qu'elle acceptera loyalement. Croit-on que les groupes monarchistes voudront soit entrer dans cette Union soit disparaître pour lui céder la place ?

g) Supposons maintenant qu'on laisse dans l'ombre cette question de la position précise de l'Union Catholique Electorale afin de ménager les susceptibilités des monarchistes, ce manque de netteté dans le domaine électoral apparaîtra à beaucoup comme blâmable et désastreux ; et d'autre part, le républicanisme des catholiques républicains, unis de façon permanente aux monarchistes dans un même groupe électoral, apparaîtra incontestablement aux électeurs comme un républicanisme douteux, et quiconque a ausculté l'opinion populaire devine quel serait le résultat ; aussi bien les catholiques républicains, dont plusieurs ont pris part à l'expérience de 1898, ne sont pas du tout disposés à renouveler cette expérience et récemment, l'un d'entre eux, et non des moindres, parlant de ce projet d'Union Catholique Electorale en terrain vague, écrivait : « Nous ne marcherons pas ! » Qui donc a les moyens de le faire marcher, lui et les siens, puisque la hiérarchie et la F. N. C. s'y refusent ? Personne.

« En France, déclarait récemment Mgr l'évêque « de Nancy devant les membres de l'Union Catho- « lique Diocésaine, le terrain politique est trop « complexe, les préférences pour telle et telle « forme de gouvernement trop divergentes, selon « le droit d'ailleurs reconnu à chacun, pour qu'un « parti politique catholique puisse se constituer « avec l'homogénéité nécessaire pour assurer sa « persistance et son action réelle sur les affaires « publiques... Impossible d'arriver à une unité « d'opinion, essentielle pourtant à la formation « d'un parti politique. » Ces sages réflexions nous paraissent s'appliquer à toute Union Catholique Electorale permanente, qu'elle soit rattachée à la F. N. C. ou indépendante de celle-ci.

Ceci n'exclut pas la possibilité d'accords momentanés, d'ententes provisoires plus ou moins étendues, de cartels limités dans leur durée et leur objectif, entre groupes politiques de nuances différentes : ceci regarde au premier plan les états-majors des groupes politiques. Il appartient aux dirigeants responsables de la F. N. C., de pourvoir dans ces conditions à la sauvegarde des intérêts catholiques sur le terrain civique. Ils sont qualifiés pour cela. Ce n'est pas en intervenant sans mandat dans la préparation et l'élaboration de ces accords qu'on les facilitera ; ce n'est surtout pas en confondant les domaines, en ne tenant aucun compte des différentes besognes à accomplir ni de la répartition des fonctions ou de la division du travail.

III. L'Action Catholique et l'activité des Catholiques

La faiblesse électorale des catholiques viendrait de leurs divergences politiques ? — Légende !

Si l'on est si préoccupé, en certains milieux, de donner à la F. N. C. un rôle électoral démesuré et que très sagement elle refuse, ou d'assurer sous quelque autre forme une Union Electorale Catholique, cela provient d'une vue trop étriquée des problèmes à résoudre, d'un état d'esprit que nous appelons l'esprit politicien, porté à regarder la faible représentation des Catholiques à la Chambre uniquement comme le résultat de fausses manœuvres électorales.

On part de ce principe que la faiblesse des catholiques sur le terrain civique, ou, si l'on veut, la faiblesse électorale des catholiques français, provient uniquement ou principalement ou notablement de leurs divergences politiques, car, assure-t-on, ces divergences profitent électoralement aux adversaires du catholicisme.

Non, notre faiblesse électorale ne vient pas uniquement ni principalement ni notablement des divergences d'opinions ou de la multiplicité des groupements politiques de catholiques. Elle vient de ce que parmi les électeurs français il y a peu de catholiques vraiment croyants, convaincus, moins encore de catholiques ayant une mentalité catholique pour ce qui touche à la vie sociale, beaucoup moins encore de vrais citoyens catholiques organisés électoralement.

Et ces trois déficiences définissent les trois besognes qui s'imposent aux catholiques : 1° évangéliser ; 2° faire la formation civique des catholiques et les rendre capables d'influer sur la vie sociale ; 3° faire la politique proprement dite. Nous aimerions à ranger ces trois besognes sous ces étiquettes : Action Religieuse, Action Catholique, Action Politique, étant entendu, d'ailleurs, que ces trois modes d'activité ne sont pas séparés par des cloisons étanches, qu'ils influent l'un sur l'autre et même se compénètrent. Et nous dirions que l'Action Religieuse relève spécialement du Clergé, l'Action Catholique de la F. N. C. et des autres groupes d'Action Catholique, et que l'Action Politique est l'affaire des groupes politiques, partis ou Comités. Examinons de plus près la nécessité et l'objet de chacune de ces fonctions, et voyons à qui il appartient de les accomplir.

1. Première besogne : celle du Clergé : évangéliser, évangéliser, évangéliser...

Il n'y a parmi les électeurs français qu'une minorité de vrais chrétiens, de vrais catholiques, nous entendons par là — et nous ne croyons pas être trop exigeants — d'hommes qui croient explicitement à Jésus-Christ comme Fils de Dieu, et à l'Eglise comme continuatrice de la mission de Jésus-Christ.

Le P. Lhande a récemment attiré l'attention sur la banlieue de Paris où s'agglomère depuis quelque temps une immense masse païenne. Ce phénomène n'est pas spécial à Paris. D'ailleurs, les hommes qui se rassemblent là viennent de toutes les provinces françaises. En province, nous risquons de nous illusionner parce que les pratiques extérieures du catholicisme persistent longtemps après que la foi a disparu. Mais pour quiconque a étudié de près les masses populaires, il n'y a malheureusement pas de doute : en province comme à Paris, les esprits sont paganisés ou déchristianisés dans une proportion effrayante.

Dans une petite ville de province qui passe pour chrétienne, un prêtre demandait récemment aux zélatrices d'une œuvre d'apostolat : « Pourriez-vous m'affirmer que dans votre quar-« tier il y ait un homme sur dix à croire vraiment « et expressément à Jésus-Christ comme Fils de « Dieu et à l'Eglise catholique comme continua-« trice de sa divine mission ? » Personne n'osa répondre : « Oui. »

Admettons que cette proportion soit pessimiste, et qu'en France les électeurs soient des chrétiens et des catholiques convaincus, dans le sens que nous avons dit, dans la proportion de un sur quatre. En admettant cette proportion de vrais croyants parmi les électeurs pour l'ensemble de la France, nous sommes convaincus que nous faisons la part belle aux orateurs qui aiment à parler de la France catholique.

Que ce soit simplement ignorance, beaucoup plus que négation formelle ou hostilité consciente, c'est possible, encore que nous ayons des preuves certaines que, grâce à certaines excitations de politiciens et d'instituteurs, ce soit souvent la négation brutale et l'hostilité haineuse ; même si c'est uniquement ignorance, cela ne change rien au fait : la grande masse des électeurs français est à évangéliser.

Que l'école « laïque » soit pour beaucoup dans cette paganisation des esprits, c'est certain ; que la politique ait servi à atteindre ce résultat, c'est encore certain. Mais ici, qu'on prenne garde au sophisme, qu'on ne dise pas : « Les Français ont « été déchristianisés par la politique, ils ne seront « rechristianisés que par la politique. » C'est un sophisme : ce n'est pas la politique qui a, par elle-même, déchristianisé les esprits ; ce qui a déchristianisé les esprits, c'est la propagande antichrétienne directe par la parole, le livre, le journal, l'image. Cette propagande antichrétienne a pu accompagner une propagande politique, l'une masquant l'autre ou lui servant de prétexte ; mais il faut maintenir très fermement que c'est la propagande antichrétienne directe qui a déchristianisé les âmes.

De même, ce qui christianisera les âmes, c'est la propagande directe de l'Evangile par la parole, le livre, le journal, l'image. Qu'on veuille bien consulter l'histoire : quand des peuples ont été christianisés ou rechristianisés, ce fut toujours par la propagande directe de l'Evangile, par l'apostolat et non point par la politique ; par l'apostolat individuel, familier et familial, beaucoup plus que par les cérémonies officielles ou les réunions de masses. La politique peut ôter quelques-uns des obstacles qui entravent l'évangélisation, elle peut créer des circonstances favorables à l'évangélisation ; ce n'est pas elle qui évangélise, ce ne sont pas les gouvernants et les législateurs qui doivent faire la besogne des apôtres, et s'ils se risquaient à la tenter, on leur dirait, avec raison, qu'ils sortent de leur rôle ; ce n'est pas la politique qui transforme les esprits et les cœurs, ce n'est pas elle qui donne des convictions chrétiennes, qui inspire la foi à Jésus-Christ et à son Eglise.

Aussi est-ce une erreur grave que de répandre parmi le clergé et parmi les laïcs un certain dédain pour tout mode d'action autre que la politique. Il faut répéter, au contraire, que l'œuvre la plus urgente et la plus importante qu'il y ait à faire en France, pour les laïcs comme pour les prêtres, c'est d'évangéliser ce pays avec tous les moyens dont nous disposons, en usant de toutes les libertés et de toutes les ressources que nous laisse la politique — et il nous en reste tout de même autant que sous l'empereur Néron.

Il ne sera peut-être pas inutile de noter aussi que les méthodes qui conviennent à un genre d'action ne conviendront pas toujours à un autre genre d'action ; par exemple, si les méthodes de bluff, d'insincérité, de violence verbale, sont jugées avec indulgence quand elles se pratiquent dans le domaine politique, on devra les exclure beaucoup plus sévèrement du domaine de l'action apostolique et de l'Action Catholique, qui n'est d'ailleurs qu'une forme d'apostolat catholique.

a) Evangélisation et politique.

Il faut donc dire que l'apostolat prime l'action politique, parce que l'apostolat a pour objet le salut des âmes, tandis que la politique a pour objet propre la conquête du pouvoir et l'administration temporelle de la cité, et que le salut d'une âme doit valoir aux yeux d'un chrétien plus que toutes les victoires politiques.

Il faut dire que l'apostolat prime encore l'action politique parce que les résultats de l'action politique resteront bien maigres et bien précaires tant que la masse du pays aura l'esprit païen.

Cela devrait nous crever les yeux. Il est vain de demander à Constantin de signer l'édit de Milan avant sa conversion. Il est encore plus vain de le lui demander quand il n'est pas encore Constantin, mais Marc-Aurèle ou même Néron. Il est encore plus vain de demander à ce Constantin, qui en est à la mentalité de Marc-Aurèle ou de Néron, de signer la législation de Théodose faisant du christianisme une religion d'Etat.

N'est-ce pas à cette démarche vaine que beaucoup de catholiques réduisent aujourd'hui en

France toute leur activité? Car aujourd'hui, en France, Constantin, c'est l'électeur. Or il en est incontestablement à la mentalité de Marc-Aurèle, quand ce n'est pas celle de Néron. Il peut paraître brave d'aller chaque jour crier sous ses fenêtres et lui demander de signer l'édit de Milan ou les loi de Théodose ; mais ce n'est plus de la bravoure, c'est de la bravade.

Nos ancêtres ne procédèrent pas ainsi, parce qu'ils avaient assez de clairvoyance pour constater qu'il y avait quelque emploi plus utile à leur activité : répandre l'Evangile, la foi à Jésus-Christ et à l'Eglise.

Cela n'empêchait pas quelques-uns d'entre eux d'essayer de faire le siège de Constantin même avant sa conversion, même quand il s'appelait encore Marc-Aurèle ou Néron, et de lui arracher, non pas les lois de Théodose, ni même du premier coup l'édit de Milan, mais quelques petits lambeaux de liberté, qu'ils lui réclamaient au nom de la paix sociale, au nom du droit commun, au nom du loyalisme patriotique des chrétiens, et même au nom de leur loyalisme politique.

Mais ceux-là n'étaient qu'un petit nombre : les autres, évêques, prêtres, fidèles, travaillaient à évangéliser, à évangéliser. Et non seulement ils sauvaient les âmes, mais ils rendaient possibles, dans un avenir prochain, non plus quelques misérables concessions du pouvoir, comme celles qu'on accorde à d'infimes minorités, mais l'édit de Milan et les lois de Théodose.

b) Le Clergé et les élections.

Nous ne proposons pas que tous les catholiques désertent le terrain politique, loin de là, comme on le verra tout à l'heure ; mais nous affirmons énergiquement qu'aujourd'hui en France l'apostolat direct ou l'évangélisation proprement dite doit primer l'Action politique et même l'Action Catholique civique ou sociale, si bien qu'il ne faut jamais que l'évangélisation soit laissée de côté ou négligée au profit de l'Action politique ou même de l'Action Catholique civique — qu'il y a là une besogne tellement immense qu'elle suffit largement à occuper l'activité de ceux qui en sont chargés, prêtres et religieux (sans compter que l'Action Catholique, dont nous allons parler, en occupera aussi un certain nombre) — qu'il n'y a donc pas lieu de s'étonner si Rome demande instamment aux membres des deux clergés de rester en dehors des luttes politiques et des batailles électorales.

Cette attitude d'abstention s'impose au clergé séculier et régulier :

1° Parce qu'il y a des dangers à mêler la religion à ces luttes, dangers pour la religion qui sera rendue solidaire d'opinions politiques discutables, dangers pour les membres du clergé dont l'autorité en sortira le plus souvent diminuée, autorité dont ils ont plus besoin que jamais pour leur besogne spécifique, qui est l'évangélisation.

2° Parce que l'action politique et électorale

étant directement d'ordre temporel, revient de droit aux laïcs, et ne convient pas au clergé, voué aux choses spirituelles ;

3° Parce que l'action politique et électorale réclame des compétences qui ne sont qu'exceptionnellement le lot des membres du clergé ;

4° Parce qu'en fait l'intervention du prêtre en matière politique et électorale est assez généralement odieuse aux électeurs français et que si elle aboutit quelquefois à des succès électoraux partiels et locaux, elle aboutit très fréquemment à des résultats fâcheux au point de vue religieux.

5° Mais surtout parce que la mission propre et spécifique du prêtre, c'est l'évangélisation, et qu'il y a là, aujourd'hui, pour le clergé français, une besogne formidable et urgente qui réclame toute son activité.

Il est même indispensable que pour cette besogne d'évangélisation le clergé soit aidé par une immense armée d'auxiliaires, faisant de l'apostolat individuel, familier ou familial. suivant la méthode apostolique, qui fut aussi la méthode franciscaine, seule méthode d'évangélisation consacrée par l'histoire.

Qu'à titre tout à fait exceptionnel, des prêtres puissent, avec l'autorisation de Rome ou des évêques, prendre part à l'action politique et électorale, en raison de circonstances particulières et d'une compétence spéciale, cela est certain. Mais les directives romaines et les contingences françaises réclament que ce soit là quelque chose d'exceptionnel.

Il est bien entendu que si les membres du clergé ne doivent pas, sauf exceptions, se mêler d'action politique proprement dite, les laïcs n'ont pas le droit, de leur côté, de se substituer au clergé pour l'action de l'évangélisation, pour la direction des paroisses et des œuvres catholiques d'évangélisation : dans ce domaine les laïcs doivent rester à leur rang d'auxiliaires.

Enfin, il ne sera peut-être pas inutile de signaler que si l'évangélisation se fait par le moyen des œuvres, il ne faut pas que le moyen accapare toute l'activité au détriment de la fin, il ne faut pas que l'organisation matérielle des œuvres, ou le souci de leur créer des ressources, devienne une besogne tellement absorbante sous tout rapport qu'il ne reste plus ni liberté d'esprit, ni temps, ni ressources, ni forces physiques pour l'évangélisation elle-même. Les moyens deviendraient des fins.

2. Deuxième besogne : celle de l'Action Catholique, de la F. N. C. : Formation civique, action sociale, défense religieuse.

Nous avons admis — en faisant bonne mesure — qu'il y aurait en France 1 catholique convaincu sur 4 électeurs. Mais même parmi les catholiques convaincus il y en a beaucoup qui ne sont pas catholiques en tant que citoyens, qui n'ont pas une mentalité catholique au point de vue civique, qui n'ont pas une conception chrétienne de l'Etat, des fonctions de l'Etat, de ses relations avec l'Eglise ou avec les citoyens catholiques, des relations entre les citoyens et l'Etat, en un mot de tout ce qui regarde la vie publique soit dans le domaine politique soit dans le domaine économique, qui par-là même ne se rendent pas compte des atteintes portées aux droits de l'Eglise et aux droits des citoyens catholiques par certaines lois, qui se désintéressent de la Défense Religieuse ; qui par là-même ne se rendent pas compte que les principes chrétiens doivent imprégner la vie sociale, et qui, dès lors, se désintéressent de l'Action Catholique.

Nous avons vu des catholiques, en assez grand nombre, se rallier à une conception de l'Etat qui ignorait par principe la doctrine chrétienne (tout en ayant des égards extraordinaires pour les cadres extérieurs du catholicisme), à une doctrine sociale que Rome a dû condamner comme « une renaissance du paganisme antique » pour ce qui regarde la notion de l'Etat et la vie publique, à une doctrine qui répudiait ou ignorait systématiquement la loi de charité et de renoncement qui explique précisément, beaucoup plus que l'organisation extérieure de l'Eglise et ses cadres, l'influence sociale du christianisme.

N'y a-t-il pas aussi parmi les catholiques un assez grand nombre d'électeurs imprégnés, sans s'en douter, des doctrines du laïcisme, tout disposés à laisser ériger en principe une neutralité religieuse ou confessionnelle de l'Etat qui ne doit jamais être, aux yeux d'un chrétien, qu'un fait imposé par les circonstances, disposés aussi à admettre que la religion est affaire privée et qu'elle n'a rien à faire dans le domaine de la vie nationale, ou encore qu'il faut séparer les pouvoirs et les domaines alors qu'il s'agit seulement de les distinguer, enclins à admettre la liberté illimitée de conscience, de culte, de presse, de propagande, comme un principe intangible, tandis que la liberté ne peut évidemment être jamais illimitée, et que si une certaine liberté civile doit être accordée, plus ou moins large selon les circonstances, cette liberté ne peut être aux yeux d'un chrétien, vis-à-vis de l'erreur, qu'une tolérance de fait et ne prescrit jamais les droits de la vérité ou de la loi morale ?

Combien peut-il y avoir de catholiques, parmi ceux qui croient vraiment à Jésus Christ et à l'Eglise, qui aient une mentalité non catholique au point de vue civique ? Ici on ne peut évidemment faire que des conjectures. Disons que si sur 4 électeurs il y a 1 vrai croyant, il y aura peut-être 1 catholique à mentalité catholique-civique sur 6 électeurs. Nous sommes malheureusement convaincus qu'ici encore nous faisons la part belle aux optimistes. Il reste qu'il existe une masse d'électeurs catholiques à qui il faudrait donner une mentalité catholique-civique, et qu'il importe de grouper ces catholiques avec l'élite de ceux qui sont déjà catholiques en tant que citoyens, pour la Défense religieuse et pour l'Action Catholique.

C'est la besogne de l'Action Catholique, principalement de la F. N. C.

a) Il s'agit, avant tout, d'imprégner les citoyens catholiques des enseignements authentiques de l'Eglise concernant la vie publique. Il ne peut être question, bien entendu, de présenter comme partie intégrante du catholicisme de simples opinions légitimement discutées entre catholiques ; il s'agit des enseignements officiels de l'Eglise sur la notion de l'Etat, les relations entre l'Etat et l'Eglise, les relations entre l'Etat et les citoyens, les droits et les devoirs des citoyens catholiques, etc... Il y a là pour l'Action Catholique, c'est-à-dire en France pour la F. N. C., une besogne immense : ceux-là le savent, qui s'y sont essayés.

Ne serait-ce qu'à cause de cette besogne d'enseignement, l'Action Catholique ou la F. N. C. reste nécessairement sous la direction de la hiérarchie ; Rome a même prescrit que les prêtres qui ont à diriger ces organes d'enseignement soient munis de diplômes ecclésiastiques et d'une grande compétence doctrinale, particulièrement en matière sociale.

b) La F. N. C. s'efforcera encore de faire entrer dans la vie sociale les principes chrétiens. Ce fut toujours la manière d'agir des catholiques, de même que les œuvres d'assistance et de charité ont toujours accompagné l'évangélisation, prouvant la fécondité de l'Evangile dans le domaine de la vie privée ou familiale.

c) Enfin, la F. N. C. est mandatée officiellement pour diriger, avec l'Action Catholique, la Défense Religieuse qui n'en est qu'un aspect. Pour cela, elle s'efforcera de gagner l'opinion publique aux revendications catholiques, dont elle dressera la liste officielle, par la presse, les tracts, les conférences, les manifestations, etc. Elle s'efforcera, par les mêmes moyens, de gagner l'opinion publique aux conceptions sociales chrétiennes. — Même travail de double propagande auprès des législateurs, des gouvernants, des groupes et hommes politiques. Quiconque a mis la main à la pâte sait bien que c'est encore là une immense besogne. Pour cette triple besogne de formation civique, d'action sociale, de défense religieuse, les groupes d'Action Catholique prendront pour base les consignes données par le Comité Directeur de la F. N. C. pour l'ensemble de la France, et par les représentants des Ligues Diocésaines. Il est évident, en effet, que des circonstances locales peuvent influer sur le programme d'action des Ligues Diocésaines tant au point de vue de la formation civique des Catholiques qu'au point de vue de l'action sociale ou de la défense religieuse.

a) La F. N. C. et les élections.

Nous arrivons à l'action de la F. N. C. dans le domaine électoral. Le *Credo* signale que la F.N.C. préparera la mentalité des catholiques et l'opinion publique par une campagne adaptée, portant à la fois sur les principes doctrinaux officiellement enseignés par l'Eglise et sur les revendications catholiques officiellement proclamées par la F. N. C. Il peut arriver que telle revendication paraîtrait plus urgente à tel catholique qu'à tel autre : c'est pour départager les catholiques que la F. N. C. a été instituée ; elle est qualifiée pour dire quelles sont les revendications qui s'imposent et autour desquelles il faut faire campagne — et aussi quelles sont les revendications qu'il convient de présenter d'urgence aux pouvoirs publics, aux législateurs et aux groupes politiques, avec demande de réalisation immédiate.

Le *Credo* signale aussi que les membres ou les groupes de la F. N. C. veilleront à la révision des listes électorales : et certes personne ne dira que cela dépasse ses attributions ou présente des inconvénients sérieux. Tout le monde admettra aussi que la F. N. C. signale aux électeurs catholiques de toutes nuances qu'ils ne peuvent pas voter pour tel candidat qui n'accepte pas les revendications proposées par elle — sauf à laisser jouer, en cas de besoin, la théorie du moindre mal, dont l'application peut s'imposer pour la sauvegarde de l'ordre public ; et aussi qu'elle signale aux électeurs catholiques de toutes nuances qu'ils peuvent voter pour tel candidat qui accepte les revendications officiellement proclamées des catholiques, — leur laissant, d'ailleurs, la liberté, pour le reste, de suivre leurs préférences politiques.

Qu'en droit la F. N. C. puisse même, en sa qualité de gardienne des intérêts catholiques, départager, par voie d'arbitrage, des candidats catholiques dont la rivalité risquerait de faire passer un candidat hostile, nous l'avons admis, à titre exceptionnel, au second tour de scrutin, en appuyant sur le tact, la prudence, la réserve nécessaires en pareille occurence.

Aller au delà, la F. N. C. ne le veut pas, parce que ce serait se substituer aux groupes et partis politiques, empiéter sur leur domaine, accaparer des fonctions qui leur appartiennent de droit, rendre illusoire ce droit à l'existence qu'on leur reconnaît officiellement, entraver gravement et même supprimer pratiquement l'usage de la juste liberté.

Somme toute, quand il s'agit du domaine électoral, la tactique de la F. N. C. nous paraît devoir être assimilée — sans comparer les intérêts en cause — à celle de la Fédération des Mutilés ou de la Fédération des Bouilleurs de cru. Ces Fédérations ne se constituent pas en groupes électoraux, sachant bien qu'un programme électoral, pour atteindre un groupe assez compact d'électeurs, doit comprendre autre chose que les revendications des Mutilés ou des bouilleurs de cru. Elles laissent donc aux partis politiques le soin de faire les élections. Mais elles défendent les intérêts de leurs adhérents en commençant par convaincre les Mutilés et les bouilleurs de la légitimité de leurs revendications, par leur donner une mentalité de mutilés ou de bouilleurs; puis, s'efforçant de gagner à ces revendications l'opinion publique, les pouvoirs publics, les législateurs, les groupes et hommes politiques de toutes nuances, sauf, dans l'hypothèse où il y en aurait, à ne pas perdre leur temps auprès de ceux qui sont connus comme foncièrement hostiles;

signalant enfin à leurs adhérents les candidats qui ont accepté les revendications présentées par la Fédération, et pour lesquels ils peuvent voter, les candidats qui repoussent ces revendications et pour lesquels ils ne doivent pas voter.

Il est intéressant de considérer ici comment la Fédération Italienne des Hommes Catholiques a résolu le problème. Voici l'ordre du jour voté à son dernier Congrès National :

« L'Assemblée générale de la F. I. U. C., con-
« sidérant que conformément à la nature et au
« but de l'Action Catholique, à laquelle appar-
« tient la F.I.U.C., l'activité de cette Fédération
« s'exerce en dehors et au-dessus de toute organi-
« sation, institution ou parti politiques, au-dessus
« et en dehors de toute lutte de parti politique ;
« — affirme cependant le droit de la Fédération
« d'étendre son activité à la politique lorsque
« celle-ci touche la religion et la morale (Défense
« Religieuse), et lorsqu'il s'agit d'inspirer chré-
« tiennement la législation et la vie politique du
« pays (Action Catholique), mais sans confondre
« pour autant ni compromettre d'aucune façon
« son action et les intérêts supérieurs qu'elle a
« pour mission de défendre et de promouvoir
« avec l'action et les intérêts de n'importe quelle
« organisation, institution ou parti politiques,
« rappelle ces directives précises à toutes ses
« organisations et à tous ses membres, et décide:

« 1° Q'il n'est pas permis aux organes, aux
« centres, aux associations de la Fédération de
« contribuer, de participer ni d'adhérer à des

« manifestations politiques de n'importe quel « parti ;

« 2° Qu'il est incompatible avec la qualité de « membre de la F. I. U. C. d'appartenir à des « organisations, associations ou partis politiques « opposés à la religion ou condamnés par « l'Eglise, ou qui imposent des obligations ou « des devoirs en contradiction avec ceux de la « religion ou de la morale ou avec la pratique de « la vie chrétienne ;

« 3° Que tous ceux qui occupent des postes de « direction des organes, des centres et des asso-« ciations faisant partie de la Fédération ne peu-« vent compromettre en aucun cas les intérêts de « la religion et qu'ils doivent éviter jusqu'à l'ap-« parence d'une attitude servant tel ou tel parti « et qu'il leur est notamment interdit d'être ins-« crits à aucun parti ;

« 4° Que tous les membres de la F. I. U. C. « doivent dans toute leur activité et dans toutes « leurs fonctions, également dans la vie politique « et dans les organismes politiques, s'employer « principalement à propager, et à défendre, et à « faire triompher les principes chrétiens et les di-« rectives de l'Eglise, subordonnant dans tous les « cas et en toutes circonstances leur action et leur « présence dans ces organismes politiques aux « directives de l'Action Catholique concernant la « défense des intérêts supérieurs de la religion et « de la morale, s'efforçant de persuader les diri-« geants et les membres des organismes et partis

« politiques auxquels ils appartiennent de ne pas « considérer ni craindre l'Action Catholique « comme une adversaire, mais de voir en elle ce « qu'elle est en réalité, un organe de défense et « de propagande de l'idéal chrétien enseigné par « l'Eglise et dont l'application à la vie des peu- « ples en assurerait le salut, la paix et la prospé- « rité ; d'où il ressort que tous ceux qui ont foi « en cet idéal chrétien, trouveront dans l'appui « donné à l'Action Catholique un champ d'ac- « cord et de bienfaisante activité dans l'intérêt « de tous les citoyens et de la patrie. »

Inutile de répéter que l'aspect électoral n'est pas, loin de là, la seule activité de l'Action Catholique. Le soin avec lequel la Fédération Italienne s'interdit toute incursion sur ce domaine et réserve toute son activité à l'action proprement religieuse et sociale est digne de remarque. Cependant, ce n'est pas qu'en Italie les Catholiques boudent spécialement la forme du régime existant ; au contraire, on doit constater qu'ils l'acceptent avec beaucoup plus d'unanimité que ne font les Catholiques français.

Car il faut bien le dire — et c'est ici, non pas un reproche, mais une simple constatation de fait, — ce qui rend la question beaucoup plus délicate en France, c'est qu'il y a des catholiques qui n'acceptent pas le régime politique existant. Il y a bien d'autres divergences entre catholiques en matière politique et économique, mais c'est incontestablement celle-ci qui complique le plus la situation et qui rend le rôle de la

4

F. N. C. beaucoup plus délicat, exigeant de sa part, en matière électorale, une prudence, une réserve au moins aussi accentuée que celle qui est pratiquée à la F. I. U. C.

Il est manifeste, d'ailleurs, que les directives romaines, telles qu'elles sont transmises à la F. I. U. C., à la F. N. C., à l'Episcopat mexicain, à l'Episcopat français, etc..., tout en tenant compte des contingences nationales, avec un merveilleux sens de la discrétion, comme on l'a vu pour les Eclaireurs Catholiques d'Italie, ne s'inspirent pas seulement d'opportunités locales, mais sont la mise en œuvre d'un principe d'action nettement arrêté au Vatican et d'une application mondiale : dégager l'Eglise et l'Action Catholique de toute solidarité avec les chauvinismes, les classes ou les partis. Que par suite de raisons historiques, cette confusion se soit établie en France beaucoup plus que partout ailleurs, cela nous paraît, hélas ! trop certain. Raison de plus pour écouter attentivement les directions qui nous viennent de Rome et pour les mettre plus rigoureusement en pratique.

Conséquences pratiques.

Le domaine de la F. N. C. est donc bien circonscrit. Les conséquences pratiques résultant de cette délimitation du rôle de la F. N. C. n'apparaîtront que peu à peu dans tous leurs détails et modalités. Il y a, d'ailleurs, quantité de cas d'espèce qui permettront de préciser peu à peu les directives. Dès maintenant, on peut formuler les règles suivantes :

1° La F. N. C. a été officiellement reconnue pour la défense des intérêts religieux sur le terrain civique. Elle est donc qualifiée pour présenter aux pouvoirs publics, aux groupes et aux hommes politiques, les revendications officielles des catholiques. — On ne saurait accepter les directives données par des conférenciers ou des journalistes sans mandat. Il convient qu'on le sache : c'est une question de loyauté et de discipline.

2° La F. N. C. est chargée de l'Action Catholique, laquelle doit se mouvoir en dehors et au-dessus des partis : les groupes, les dirigeants et les conférenciers de la F. N. C. s'abstiendront donc de favoriser un parti au détriment d'un autre, une opinion politique au détriment d'une autre opinion également légitime.

Nous parlons, bien entendu, des partis et des opinions qui ne sont pas proscrits par l'Eglise.

b) Action catholique et résultats sociaux.

Faut-il dire, puisque le rôle électoral direct de l'Action Catholique est à peu près inexistant, que le christianisme n'aura rien à faire dans le domaine social et que l'Action Catholique n'aura aucune influence sur la vie publique ?

Nous nous en gardons bien. On a compris qu'ici nous sommes avant tout préoccupés de différencier les fonctions ; mais qu'on prenne garde que l'attitude réservée de la F. N. C. dans le domaine électoral n'exclut nullement les résultats sociaux, soit politiques, soit écomiques, auxquels devra nécessairement aboutir l'Action Catholique sans qu'elle fasse les élections.

La prédication de l'Evangile n'atteint-elle pas semblable résultat ? En répandant une certaine conception de la vie et du monde, la conception chrétienne, en répandant la foi à l'universelle fraternité humaine, à l'éminente dignité de la personne humaine, rachetée par le Christ, en prêchant le détachement, le renoncement, l'humilité, l'esprit de concorde, etc..., le clergé, sans sortir de son rôle d'évangélisation proprement dite, prépare une véritable révolution sociale ; c'est celle qui fut réalisée au ve siècle et aux siècles suivants sous l'influence des idées chrétiennes, sans que l'évangélisation se fût confondue avec l'action politique.

Il en sera de même, *a fortiori*, de l'Action Catholique, qui porte son effort sur tout ce qui concerne la vie publique, en propageant les notions chrétiennes se rapportant à la vie sociale. L'Action Catholique est devenue, par ordre de Rome, un organisme distinct, à cause de l'importance que prend la vie sociale et la participation des chrétiens à cette vie sociale. Mais la fonction dont la F. N. C. est chargée existait déjà : elle se confondait avec la fonction des évangélisateurs et de la hiérarchie, dont elle reste, d'ailleurs, une section. Existant déjà dans et avec l'évangélisation, c'est elle, qui, aidée par l'influence de pouvoirs politiques s'inspirant plus ou moins du christianisme, provoqua peu à peu la suppression des lois antichrétiennes ; c'est elle aussi qui, avec l'aide des mêmes pouvoirs introduisit peu à peu l'esprit chrétien dans le domaine politique et économique. Il est remarquable que l'Action Catholique des premiers siècles — incluse dans l'évangélisation — ne se prononça jamais ni pour ni contre une organisation politique ou économique ; mais elle répandait des idées et des sentiments qui devaient aboutir logiquement à des transformations politiques et économiques très importantes, et qui y aboutirent en effet : c'est l'histoire de la disparition graduelle de l'esclavage. Il semble aussi que c'est l'histoire de la disparition graduelle du servage provoquée en partie par l'apostolat purement religieux — y inclus l'Action Catholique — du mouvement franciscain, qui ne fut jamais un mouvement politique ou économique, mais dont les idées religieuses se trouvèrent peu à peu propagées et réalisées par les hommes et les groupes politiques.

L'*Osservatore Romano* du 2 mars 1927 nous donne là-dessus une page magnifique qui aiderait la F. N. C. à préciser son programme s'il en était besoin. Après avoir dit que les organismes d'Action Catholique doivent, en France comme en Italie, être désolidarisés d'avec les organismes d'action politique, l'*Osservatore Romano* ajoute (*Credo* du mois d'avril 1927, p. 13) :

« Cela ne signifie pas que partout où s'exerce « l'Action Catholique il y ait séparation entre la

« vie religieuse et spirituelle et le labeur terrestre « par lequel les héritiers du Christ se dévouent en « son nom et sont fondés sur sa promesse à « assainir les nations, à travailler pour que la « société civile réponde à sa raison d'être ; c'est « de cette réalisation du bien commun que « découlent pour la personnalité humaine et « juridique des droits et des devoirs propres : « indépendance, souveraineté, responsabilité ina- « liénable.

« L'Action Catholique s'applique, avec une « constante sollicitude et un travail ininter- « rompu, théorique et pratique, à maintenir en « dehors des intérêts particuliers et des grands « courants d'opinion, les grands principes, la « finalité suprême et providentielle de la société « civile, patrimoine de tous, force modératrice « des rapports individuels et collectifs, barrière « inviolable aux compétitions politiques, et pour « ce faire, elle s'adapte aux lois, aux institutions, « aux régimes des divers Etats.

« L'Action Catholique n'est pas en dehors de « la vie sociale, elle n'agit pas au détriment de « celle-ci ; mais même dans « la Défense et la « conquête des libertés religieuses » qui la carac- « térisent particulièrement, sans épuiser sa tâche, « elle sauvegarde et fait progresser cette vie « sociale. En effet, c'est sur la conception chré- « tienne de la nation et de l'Etat, de la morale « et de la justice, de la richesse et du travail, que « peuvent se jeter les bases d'un fécond édifice « civil.

« Si cette action n'était pas libérée de toute
« passion et de toute compromission de parti, si
« l'Action Catholique n'était, en somme, qu'un
« parti, si elle se confondait avec lui, s'il ne lui
« était pas possible d'être au-dessus, si elle lui
« confiait son propre programme et les principes
« suprêmes des rapports sociaux, elle se dénatu-
« rerait aux yeux mêmes de l'histoire, et noyée
« au milieu de multiples programmes contin-
« gents, elle participerait à leurs trop éphémères
« triomphes et à leurs trop ruineux revers. Voilà
« pourquoi, pendant que l'Action Catholique
« proclame partout son indépendance politique
« et exige que cette caractéristique propre ne soit
« pas mise en doute par les hommes sensés et
« honnêtes, elle n'exclut pas, au contraire, elle
« revendique pour elle tous les grands principes,
« tous les grands problèmes qui appartiennent à
« la politique et à la sociologie, jusqu'aux moin-
« dres institutions de la vie et des rapports civils
« et sociaux. Elle ne les exclut pas, elle les reven-
« dique, comme le fait la pensée chrétienne,
« comme le fait l'Eglise qui les trouve dans
« l'Evangile, dans la vérité qu'elle enseigne. Et
« dique, comme le fait la pensée chrétienne,
« elle les considère dans le champ de son propre
« apostolat, dans leur pure et haute essence
« morale.

« C'est ainsi que le Saint-Père ne faisait pas
« hier de la politique lorsque s'adressant à ceux
« qui du haut de la chaire prêcheront pendant
« le Carême la parole du Christ, il ne leur inter-

« disait pas de parler de concept et de la définition de la société et de l'autorité, des buts et « des fonctions respectives qui découlent toutes « du respect de la personnalité humaine.

« De considérer l'homme principe et fin dernière du conseil éternel de la Création comme « le fait le christianisme, ou bien de le voir submergé dans la collectivité dont il n'est plus « qu'un moyen et un instrument par rapport à sa « fin, il découle des vues et des conceptions opposées de la vie, des mœurs et du monde. « C'est pourquoi la civilisation chrétienne s'est « opposée à celles de l'Etrurie, de la Grèce et de « Rome ; et de même, l'intuition, la conscience, « l'idée de l'inviolabilité de la personne humaine « se trouvent à l'origine, au fondement, à la « racine de toutes les fluctuations du Moyen Age « entre féodalité et communes, corporations et « municipes, entre le peuple et la noblesse.

« De telle sorte qu'aujourd'hui encore, l'admission ou le rejet de ce principe détermine « et informe l'esprit et l'orientation des institutions publiques, depuis le concept et la discipline de la liberté, jusqu'aux lois sur l'éducation, depuis la législation du travail jusqu'à « celle de la police. Tous les problèmes politiques « directement ou indirectement se relient à ce « principe.

« Ceci n'est point de la politique de parti, c'est « la politique du Christ, de sa vérité, de sa charité, de sa providence. C'est la science salutaire « de la prospérité morale des peuples. Il en est de

« même de toute la mission de l'Action Catholi-
« que. Le respect de la personne, la charité dans
« les rapports entre citoyens, l'inviolabilité de la
« famille, la moralité des mœurs, constituent un
« patrimoine de bien qui s'épanouit et s'accroît
« sous tous les régimes, sous toutes les constitu-
« tions, à travers les institutions les plus diffé-
« rentes. Ce patrimoine se maintient, comme les
« très hauts principes, en dehors et au-dessus de
« la politique. Les activités sociales et politiques
« sont légitimes et utiles dans la mesure où elles
« s'appliquent à en préparer et à en réaliser des
« applications toujours plus fidèles et plus par-
« faites.

« L'Action Catholique est une mission sociale.
« A côté de l'Eglise, elle participe à son apostolat,
« elle en déverse dans la vie sociale les énergies
« vitales, afin que demeurent intactes les bases
« sur lesquelles se fondent les principes et les
« caractères de notre civilisation. Contre cette
« Action ne peuvent se dresser que les courants
« et les forces qui s'opposent en même temps aux
» lois divines, essence même du christianisme ;
« contre elle ne peut que se dresser la révolution
« qui vise à reporter le monde vingt siècles en
« arrière, ou à l'arracher des pôles entre lesquels
« est fixé son axe moral. »

3. Troisième besogne : celle des groupes politiques : organiser électoralement les catholiques, administrer la cité, conquérir le pouvoir.

Il y aurait 1 catholique à mentalité catholique sur 6 électeurs, avons-nous conjecturé. Il y a encore parmi les catholiques qui sont vraiment catholiques en tant que citoyens, une proportion infime d'électeurs qui, usant de la juste liberté reconnue par l'Eglise, appartiennent à des organisations permanentes ayant en vue la conquête du pouvoir et l'administration de la cité, il y a fort peu de groupes politiques et électoraux où des contingents catholiques s'associent activement à la besogne politique et électorale, laquelle ne veut pas d'improvisation.

Notre faiblesse électorale ne vient pas de ce que nous avons trop de groupes politiques composés de catholiques ou dirigés par des catholiques, elle vient — en dehors des deux causes déjà signalées et qu'il ne faut pas perdre de vue — de ce que nous n'avons pas assez de catholiques faisant de la politique active. Comptez le nombre des catholiques qui sont encadrés de façon permanente dans des groupes politiques, comités ou partis. Vous n'arriverez pas, cette fois, à 1 sur 10 électeurs peut-être pas à 1 sur 20. Comparez maintenant cette situation avec celle des pays où les catholiques, quoique souvent numériquement inférieurs aux non-catholiques, sont une puissance électorale et exercent une influence sérieuse sur la vie publique. Vous aurez aussitôt l'explication de cette puissance : là-bas les citoyens catholiques sont organisés électoralement de façon permanente dans des partis politiques à étiquettes politiques. Vous aurez du même coup, l'explication de notre faiblesse électorale : nos catholiques, déjà si peu nombreux, sont inorganisés politiquement.

a) Une injustice.

Une des causes de cette inorganisation — avec le mythe du Parti Catholique — c'est la suspicion qu'on a jetée sur les malheureux catholiques qui, usant de la juste liberté, s'embrigadent dans des partis politiques.

On a répété sur tous les tons qu'ils semaient des divisions parmi les catholiques, comme si les divergences politiques n'étaient pas inévitables et légitimes ; comme si ces divergences n'existaient pas avant la création des rares groupes et des quelques partis qui s'ouvrent aux catholiques ; comme si l'inorganisation politique et électorale faisait disparaître ces divergences comme par enchantement ; comme si l'inorganisation politique et électorale ne rendait pas ces divergences beaucoup plus dangereuses, exposant constamment les catholiques à être manœuvrés par des groupes et des hommes politiques étrangers ou même hostiles au catholicisme.

On a fait un crime à l'ensemble des hommes politiques catholiques de ce que quelques-uns d'entre eux ont glissé à gauche, comme s'il fallait faire un crime à l'Eglise de la défection de certains de ses ministres, comme si tout un groupe pouvait être rendu responsable des fautes de l'un de ses membres, comme si ces glissements à gauche, scandaleux en effet, ne devaient pas précisément être attribués pour une bonne part à l'inorganisation électorale des catholiques, qui laisse à ceux qu'ils regardent comme leurs élus une dangereuse indépendance.

On a vanté « les catholiques tout court » — sont-ils tous « si courts » qu'ils le disent ? — comme si c'était une tare d'appartenir à un groupe politique, comme si c'était une infériorité que de vouloir remplir jusqu'au bout son devoir civique en s'occupant de l'administration temporelle de la cité, et d'en prendre le moyen, qui est l'organisation politique et électorale.

On les a représentés comme sacrifiant *a priori* les intérêts religieux à leurs préoccupations de parti, uniquement parce qu'ils s'organisent en parti, uniquement parce que faisant de la politique ils s'attachent à un programme politique, parce que faisant œuvre temporelle ils s'attachent à une méthode ou à un programme d'organisation temporelle de la cité ; — comme si c'était uniquement de leur faute s'il n'y avait pas jusqu'ici un organisme spécial chargé de la défense des intérêts religieux sur le terrain civique.

On les a accusés de concessionnisme et de libéralisme, sous prétexte qu'étant dans le domaine de l'action ils ont vu clairement que toute action doit tenir compte, non seulement des principes, mais aussi des circonstances de temps et de personnes et de milieu, que toute action doit être réglée par la vertu cardinale de prudence, laquelle nous ordonne d'adapter, non pas nos doctrines, mais notre action, de tenir compte de toutes les circonstances, aussi bien de celles qui réclament l'énergie et la force que de celles qui réclament la modération, étant entendu d'ailleurs que, d'après l'histoire du christianisme et la saine doctrine, la force ne consiste pas uniquement à faire le coup de poing ou à parler le langage de la violence ou de la haine.

On leur a reproché des compromissions suspectes, des alliances singulières sur le terrain politique et électoral, alors que précisément ces compromissions et ces alliances suspectes seraient beaucoup plus facilement évitées si la masse des citoyens catholiques était rendue vraiment catholique par le clergé, instruite de ses devoirs civiques par la F. N. C., et organisée électoralement par les groupes politiques.

On leur a reproché, au nom de l'irréalisme intégral ou de l'intégrisme irréel, de ne pas exiger et obtenir dès aujourd'hui du gouvernement telle ou telle réforme législative, qui peut être très juste, mais qui serait très certainement repoussée, comme s'il ne valait pas mieux, pour des hommes politiques, qui travaillent dans le réel, et non dans les nuées, porter leur effort vers ce qui est réalisable, quitte à laisser l'Action Catholique et la Défense Religieuse préparer les esprits à cette réforme qui n'est pas mûre, politiquement parlant ; et parce qu'ils ont le sens des réalités, parce qu'ils aiment mieux, en réalistes qu'ils sont et doivent être, porter leur effort vers ce qui est présentement réalisable dans le domaine politique, on les accuse encore, sans avoir l'air de soupçonner que ce sont là des injures graves ou des diffamations coupables, de libéralisme doctrinal, de concessionnisme, de forfaiture, de trahison, etc..., comme s'il était juste de traiter ainsi le sénateur Pudens, sous prétexte qu'il n'exigeait pas et n'obtenait pas immédiatement de Néron la reconnaissance publique de l'Eglise !

Cet irréalisme intégral ou cet intégrisme irréel — il faut le dire en passant — qui méprise de façon hautaine tout ce qui est réalisation possible dans le domaine de l'action civique et même de l'Action Catholique et de l'apostolat, qui fixe quotidiennement et presque exclusivement l'attention des catholiques d'action sur ce qui est pratiquement irréalisable aujourd'hui, qui veut imposer ce programme, irréalisable aujourd'hui, comme programme politique immédiat aux hommes et aux groupes politiques, qui veut introduire le don-quichottisme dans l'action politique où il n'a que faire, prôné beaucoup trop abondamment par des personnalités dont le zèle et la bonne foi sont hors de contestation, cet irréalisme ou cet intégrisme est un des grands fléaux de la France catholique — avec l'esprit politicien, qui tend à tout ramener à l'action politique et même à l'action électorale, déclarant implicitement ou explicitement nulle et de nulle valeur l'action apostolique et à plus forte raison l'Action Catholique.

Entendez bien que les catholiques qui font de la politique ne sont pas assez sots pour croire qu'ils n'ont jamais commis de fautes. La plupart seraient disposés à reconnaître leurs torts ; ils reconnaissent volontiers qu'ils ont commis parfois des erreurs ; parmi ceux qui ont travaillé dans le domaine politique, qui donc leur jettera la première pierre ?

Et s'ils ont commis quelques erreurs, il faut bien dire qu'il y a une erreur pire que toutes les leurs : celle qui consiste à prêcher l'inorganisation politique, ou, ce qui revient au même, à prêcher le Parti Catholique Unique, à discréditer systématiquement tous les groupes politiques, tous les hommes politiques.

Car le résultat, le voici : la plupart des catholiques croient, dur comme fer, qu'il vaut beaucoup mieux n'appartenir à aucun parti politique. Et les catholiques restent électoralement une poussière.

Nous ne croyons pas forcer la pensée du Pape en appliquant à ceci ce qu'il disait récemment : « Les catholiques n'occupent pas dans la vie sociale la place qu'ils devraient occuper. » Non, et cela, pour les raisons que nous avons déjà indiquées, mais aussi parce qu'en France, les catholiques, pour tenir entièrement leur place dans la vie sociale, n'en prennent pas le moyen, qui, en France, est l'organisation électorale, avec étiquette politique, avec programme électoral, politique, économique, administratif.

b) L'inorganisation de la masse des électeurs catholiques.

C'est pourtant de la poussière des catholiques « tout courts », des catholiques inorganisés électoralement, que sort le plus souvent ce cri, appel, reproche ou plainte : « Union ! Union ! » Et tout indique qu'il s'agit d'union électorale.

Il faut leur répondre: « Unir quoi ? On n'unit « pas ce qui existe avec le néant ; on n'unit pas « un groupe organisé avec une poussière. Si vous « voulez que les hommes de votre nuance politi- « que s'unissent dans des accords locaux, dans « des cartels limités et provisoires — c'est tout « ce que vous pouvez imaginer de mieux, à « moins de rêver — avec des groupes d'une autre « nuance politique, commencez par le commen- « cement, qui est de vous organiser avec les « hommes de votre nuance en groupe politique « et électoral ; appelez-le Action Républicaine, « Parti Conservateur, ou Progressiste, ou Démo- « crate, ou Populaire, ou Agricole... tout ce que « vous voudrez dans les limites permises par la « religion et la morale... D'ici là, ne parlez pas « d'union : pour faire une union, il faut être « deux... D'ici là, vous ne serez politiquement « qu'une poussière, et vous subirez le sort de la « poussière. »

Peut-être ne sera-t-il pas inutile d'ajouter ce petit conseil : « Une fois que votre groupe politi- « que sera constitué, si vous voulez faire union

« avec un autre groupe politique d'une autre « nuance, renoncez à l'idée d'imposer à cet autre « groupe tout votre programme politique, écono- « mique, administratif, à l'idée de vous unir à « lui comme le loup s'unit à l'agneau en le « croquant, à l'idée d'exiger de lui qu'il se sui- « cide. Ce serait trop lui demander, n'est-ce « pas ?... Ce qui veut dire que l'union ne pourra « se faire que sur des points précis, sur un pro- « gramme limité. Rêver d'autre chose, c'est « rêver. »

Voilà donc encore une immense besogne à accomplir parmi les catholiques : grouper les catholiques dans des partis politiques, faire leur éducation proprement politique, les mettre au courant des réalités et des lois politiques et économiques, éclairer l'opinion publique sur ces réalités et ces lois, préparer les élections et les organiser, assurer le travail législatif, l'administration temporelle de la commune, du département, de l'Etat. Besogne immense, on le voit. Besogne grandement utile même du simple point de vue religieux, car les catholiques qui se dévouent à l'action politique se mettent ainsi dans la possibilité, non pas d'assurer l'œuvre de l'évangélisation ou de l'Action Catholique, ce qui n'est pas leur rôle, mais de la favoriser. Besogne indispensable, car si elle n'est pas faite par les nôtres, elle sera faite de plus en plus contre nous. Obligation de conscience pour tous ceux qui en sont capables et qui n'en sont pas empêchés par des obligations supérieures, par leur rôle dans la besogne d'évangélisation ou dans l'Action Catholique, car enfin il y a un devoir civique imposé par le 4e commandement de Dieu ; et il est bien probable que le catholicisme « tout-court », chez plusieurs, n'est qu'une manifestation de paresse ou de lâcheté civique.

Que ces groupes politiques, Partis ou Comités — notre préférence va d'emblée aux Partis organisés nationalement de façon permanente, parce que dans tous les domaines, c'est l'action continue, méthodique, persévérante, qui seule donne des résultats sérieux — que ces groupes politiques composés en tout ou en partie de catholiques, ou plutôt que les catholiques groupés dans ces Comités ou Partis aient à se préoccuper, non seulement d'accepter dans l'ordre doctrinal et moral, *ratione peccati*, le contrôle de l'Eglise sur leur activité, comme il s'exerce sur toute son activité humaine, même en matière temporelle, mais de s'inspirer des principes chrétiens concernant la vie sociale dans l'élaboration de leurs programmes et dans l'exercice de leur activité politique, c'est bien certain. C'est à la F. N. C., dont ils feront partie comme simples membres, de le leur rappeler à l'occasion, comme le faisait la F. I. U. C. dans la décision citée plus haut. Ces catholiques devront encore se préoccuper de ne pas gêner dans son activité l'Eglise et la F. N. C., et même de favoriser l'évangélisation et l'Action Catholique, ne fût-ce qu'en soutenant les revendications officielles de la F. N. C.

4. Le confusionnisme, « abus énorme de la religion ».

Mais il ne faut pas demander à ces hommes politiques de se présenter aux pouvoirs publics ou aux électeurs comme représentants attitrés de l'Eglise ni même de l'Action Catholique ou de la Défense Religieuse. Comme disait Pie X : « *Catolici deputati, si — Deputati catolici, no.* » Ils n'ont aucun droit de se parer de ce titre, et ils commettraient une faute grave en se présentant comme chargés officiellement de la Défense Religieuse.

Il y a lieu, en effet, de veiller à ne pas solidariser le catholicisme avec un parti politique. C'est ce que nous enseigne Léon XIII :

« L'Eglise étant une société non seulement par-
« faite, mais supérieure à toute autre société
« humaine, a le droit et le devoir de ne pas se
« faire la servante des partis et de ne pas se plier
« aux exigences changeantes de la politique.
« Tirer l'Eglise à un parti, et vouloir, en fin de
« compte, qu'elle aide à vaincre des adversaires
« politiques, serait faire un abus énorme de la
« religion. » (Léon XIII, *Sapientiæ christianæ*, 10 janvier 1890). Ces directives de Léon XIII sont très expressément renouvelées par Pie XI ; et d'autre part, elles s'appliquent incontestablement à la Défense Religieuse et à l'Action Catholique, qui ne sont qu'une des fonctions de l'Eglise elle-même, quelle que soit la part qui y est faite aux laïcs.

On peut commettre de trois manières l'abus énorme dont parlait Léon XIII et que Pie XI continue de flétrir : on peut solidariser la doctrine de l'Eglise avec une doctrine politique de parti et faire servir celle-là à accréditer celle-ci : c'est le confusionnisme doctrinal. On peut aussi solidariser l'Action Catholique ou la Défense Religieuse avec l'action politique de tel ou tel parti, et faire servir celle-là à accréditer celle-ci, par exemple en soutenant que, seule, telle politique de parti peut assurer l'efficacité de la Défense Religieuse ou de l'Action Catholique, ou bien en faisant prendre aux organismes de Défense Religieuse ou d'Action Catholique des attitudes favorisant telle ou telle politique de parti au préjudice de telle autre politique de parti, également légitime : c'est le confusionnisme pratique. Enfin on peut solidariser l'Action Catholique et la Défense Religieuse avec l'Action Politique d'un parti par le fait qu'une même personnalité remplit des fonctions dans les organisations de Défense Religieuse et dans des organisations politiques, si bien qu'il est difficile au public de savoir quand cette personnalité agit et parle au nom de son parti ou en son nom personnel, et quand elle agit ou parle comme mandataire de l'Action Catholique ou de la Défense Religieuse : c'est le confusionnisme personnel.

a) *Confusionnisme doctrinal.* — Voici par exemple, un catholique républicain qui, dans une réunion de catholiques, expose les affinités qu'il croit découvrir entre la religion catholique et la

République, affirme que la démocratie républicaine répond infiniment mieux qu'un autre régime à l'idéal catholique, que la forme démocratique et républicaine de gouvernement est l'aboutissement normal, logique, nécessaire de la doctrine évangélique, etc... Celui-là commet l'abus énorme dénoncé par Léon XIII : il solidarise la doctrine catholique avec une opinion ou une doctrine de parti politique. — Voici maintenant un catholique monarchiste qui expose, dans une réunion catholique, que l'Eglise étant une forme divine de société humaine et que l'Eglise étant une monarchie, c'est qu'au regard de Dieu la monarchie est une forme supérieure de gouvernement, que, par conséquent, l'Etat, qui est aussi une société parfaite, doit prendre la forme monarchique pour répondre pleinement au plan divin — les maurassiens disaient : à la nature ou à l'essence des choses ; mais pour les catholiques, cette formule ne pouvait avoir qu'un sens, c'est que la monarchie seule répondait au plan divin — ou encore pour répondre aux exigences d'ordre et d'harmonie, d'unité et d'autorité du catholicisme. Celui-là aussi commet l'abus énorme dénoncé par Léon XIII. Et comme le précédent, il le commet dans le domaine de la doctrine : c'est le confusionnisme doctrinal. Et cela est vrai quand on présente une opinion politique, même en dehors de la question du régime, comme étant liée nécessairement à la doctrine ou à la discipline catholiques, quand on déclare ou insinue que ceux qui soutiennent une autre opinion, sont moins catholiques ou moins bons catholiques...

b) Confusionnisme pratique. — On peut commettre le même abus dans le domaine de l'action : quand on confond les fonctions et les rôles, quand on permet aux groupes ou aux personnalités politiques de s'attribuer, dans leur action politique même, un rôle réservé à l'organisation de Défense Religieuse ou d'Action Catholique.

Voici, par exemple, un homme qui est notoirement connu pour ses doctrines politiques de parti et qui se présente pour faire une conférence de Défense Religieuse, organisée par des groupes d'Action Catholique ; il en profite pour faire, avec un exposé des revendications catholiques officielles, de la propagande en faveur de ses opinions particulières, et par là même en faveur de son groupe politique au préjudice des opinions adverses, qui sont tout aussi légitimes, au préjudice de groupements politiques dont un autre catholique peut légitimement être membre. Il n'y a pas de doute possible : c'est là faire de la propagande politique sous le couvert de la Défense Religieuse : pratiquement il a mis la Religion au service de son parti politique : c'est le confusionnisme pratique.

Or ce confusionnisme pratique est réprouvé par les directives romaines, tout autant que le confusionnisme doctrinal. On a vu avec quelle sévérité la F. I. U. C. poursuit cet abus ; elle interdit à tous les dirigeants de l'Action Catholique de rester simplement inscrits à un parti politique. Nous ne prétendons pas qu'il faut aller jusque-là en France ; c'est d'ailleurs l'affaire de la F.N.C. de nous tracer des directives pratiques : on peut s'en rapporter à sa sagesse. Mais il est indispensable que les principes ci-dessus soient connus de ses délégués, mandataires et conférenciers. Et il serait indispensable aussi que les conférenciers qui font de la Défense Religieuse sans mandat formel de la F.N.C., en y ajoutant plus ou moins de propagande de parti, fussent connus comme n'ayant aucun mandat de la F. N. C., comme parlant seulement en leur nom personnel ou comme délégués d'un parti politique — et il est inadmissible que ceux-là soient officiellement patronnés par des groupes locaux d'Action Catholique ou par leurs présidents, encore moins par les membres du clergé.

Ce confusionnisme pratique peut se manifester sous des formes très variées. En voici quelques-unes :

a) Membres du clergé, dont la fonction est d'assurer l'évangélisation et l'Action Catholique, se substituant ou essayant de se substituer aux groupes et aux hommes politiques pour faire la besogne politique proprement dite.

b) Groupes ou dirigeants ou représentants accrédités de l'Action Catholique ou de la Défense Religieuse se substituant aux groupes et aux hommes politiques pour faire la besogne politique proprement dite ;

— *Groupes ou organismes ou dirigeants ou représentants accrédités de l'Action Catholique* ou de la Défense Religieuse se substituant aux membres du clergé pour la direction des œuvres d'évangélisation ;

— *Groupes ou organismes ou dirigeants ou représentants officiels de l'Action Catholique* ou de la Défense Religieuse reprochant aux hommes et aux groupes politiques de ne pas faire la besogne spécifique de l'Action Catholique ou de la Défense Religieuse, en sacrifiant la besogne politique proprement dite ;

c) *Groupes ou personnalités politiques* entraînant ou essayant d'entraîner le clergé dans l'action politique proprement dite, dans la politique de parti et l'action électorale ;

— *Groupes ou personnalités politiques* entraînant ou essayant d'entraîner les groupes ou organismes d'Action Catholique et de Défense Religieuse dans l'action politique proprement dite ;

— *Groupes ou personnalités politiques* se substituant à l'Eglise, au clergé, pour organiser l'évangélisation, pour diriger l'apostolat religieux ;

— *Groupes ou personnalités politiques* se substituant aux groupes ou organismes d'Action Catholique pour accomplir ou diriger l'Action Catholique ou la Défense Religieuse ;

— *A fortiori, groupes ou personnalités politiques* prônant leur politique de parti sous couleur de Défense Religieuse, comme seule capable d'assurer l'évangélisation, la Défense Religieuse et l'Action Catholique.

C) *Confusionnisme personnel.* — Des confusions et des équivoques peuvent encore naître du fait des personnes, parce que des personnalités en vue remplissent en même temps des fonctions dans les groupes politiques et dans les groupes d'Action Catholique. Sans que ces personnalités commettent d'abus analogues à ceux que nous venons de dénoncer, le public peut avoir quelque peine à désolidariser l'Action Catholique ou la Défense Religieuse de telle ou telle propagande politique. A cause de cela, la F. I. U. C. demande à tous ses présidents de groupe de ne compromettre en aucun cas les intérêts de la religion et « d'éviter jusqu'à l'apparence d'une attitude servant tel ou tel parti. » En France, l'opinion publique est, sous ce rapport, au moins aussi susceptible qu'en Italie ; et d'autre part, il y a des gens — ceux à qui cela peut profiter — qui entretiendraient volontiers ces confusions pour peu qu'on leur en donne les moyens. A la F. N. C. de voir encore quelles mesures pratiques il convient de prendre contre ces sortes de confusions. Nous pensons que si la différenciation des fonctions entre les groupes d'Action Catholique et les groupes d'action politique était très nettement et fréquemment promulguée, le danger des confusions provenant des personnes serait très considérablement atténué. Il resterait pourtant à veiller de près aux confusions occasionnées par les conférenciers agissant sans mandat ou agissant en dehors des limites de leur mandat.

L'Union des catholiques — nous parlons de l'union des catholiques pour l'Action Catholique et la Défense Religieuse sous la direction officielle de la F. N. C., — est à ce prix : que chacun connaisse bien sa fonction et s'y tienne.

Comme le disait la décision de la F. I. U. C., les organismes qui sont chargés de l'Action Catholique et les groupes qui se chargent de l'Action Politique ne sont nullement des rivaux : ils ont à accomplir des besognes différentes ; leur activité ne s'exerce pas dans le même domaine ni sur le même plan. Bien plus, ils ont besoin les uns des autres : l'Action Catholique ou F. N. C. a besoin des groupes politiques et des hommes politiques pour réaliser complètement ses fins propres ; les groupes politiques de catholiques ou les catholiques faisant partie des groupes politiques ont besoin de l'Action Catholique ou de la F. N. C. pour leur donner, avec les principes qui régissent la vie sociale, la liste officielle des revendications catholiques soit immédiates soit à échéance plus lointaine — sans quoi, en effet, les hommes politiques catholiques seraient tirés en différents sens par les amateurs de surenchère cléricale et par les pusillanimes que l'ombre de Waldeck-Rousseau fait encore trembler ; et ici il faut saluer la naissance de la F. N. C., organisme officiellement mandaté pour la Défense religieuse sur le terrain civique, comme comblant une lacune déplorable et rendant un immense service dans le domaine des réalisations civiques, — ils ont besoin encore de la F. N. C. pour leur assurer une clientèle d'électeurs dont la mentalité soit déjà préparée, pour leur assurer une opinion publique favorable en ce qui concerne les réalisations de politique religieuse. Puisque ces groupes ont besoin les uns des autres, il est indispensable que règne entre eux une entente cordiale, faite de bienveillance et de sympathie : une vue claire de la répartition du travail et de la part de besogne qui revient à chacun y contribuera sans doute. La charité chrétienne et le sens catholique, qui est le sens romain, feront le reste.

IV. La question des journaux

1. La bonne presse.

Les membres de l'Apostolat de la Prière étaient invités à prier pendant le mois d'avril 1927 pour la diffusion de la bonne presse. Beaucoup d'associés auraient été certainement embarrassés pour répondre de façon précise à cette question : « Qu'est-ce que la bonne presse ? »

Pour nous, nous appelons « bonne presse » tous les journaux qui accomplissent une des trois besognes ou des trois fonctions que nous avons dites : les journaux religieux, qui font la besogne d'évangélisation ; les journaux catholiques, qui font de la Défense religieuse et de l'Action Catholique ; les journaux politiques d'inspiration catholique, qui travaillent à organiser politiquement les catholiques autour d'un programme politique admettant les revendications officielles de la F. N. C. et dont la rédaction respecte, d'ailleurs, le dogme et la morale catholiques.

Il nous paraît profondément injuste de refuser le nom de bonne presse aux journaux rédigés par des catholiques, respectueux du dogme, de la morale, de l'Action Religieuse et de l'Action Catholique, sous le seul prétexte qu'ils font de la politique — ou qu'ils font une politique qui n'a pas nos préférences. C'est un peu comme si on refusait à un brave homme le titre de bon chrétien sous prétexte qu'il n'est pas moine, et qu'il s'occupe, dans un esprit chrétien d'ailleurs, de choses temporelles, comme de cultiver des fraises ou de diriger une compagnie d'assurances... sans compter qu'il remplit un devoir d'état — comme le citoyen qui fait de la politique remplit son devoir civique. Il est temps d'en finir avec le préjugé qui présente comme des catholiques de deuxième zone et comme des suspects les catholiques qui se dévouent sur le terrain politique.

Nous appellerons donc « mauvaise presse », celle qui combat ou contrecarre positivement l'Action Religieuse ou l'Action Catholique et qui repousse les revendications officielles de la F.N.C. — « presse neutre » celle qui ne veut prendre parti ni pour ni contre l'Eglise ou l'Action Catholique ou les revendications officielles des catholiques.

2. La presse catholique et la bonne presse.

L'action politique, fût-elle respectueuse de la croyance et de la morale chrétiennes, est de soi nettement différente de ce que nous appelons l'Action Catholique. N'y a-t-il pas lieu de regretter que la même distinction n'ait pas été faite entre la presse politique et la presse catholique ?

Dès lors qu'un journal fait de la politique de parti, s'il appartient toujours à la bonne presse, il ne devrait plus s'appeler journal catholique, mais journal politique : ce serait une question de précision et de clarté, — j'oserais dire de loyauté — vis-à-vis de ses lecteurs et de l'Eglise, une question de discipline au point de vue de l'Action Catholique et des directives romaines concernant l'Action Catholique. En effet, il est interdit aux journalistes, aussi bien qu'aux groupements politiques, de « tirer l'Eglise à un parti, et de vou« loir, en fin de compte, qu'elle aide à vaincre « des adversaires politiques. » Or il est incontestable qu'il y a un certain danger à ce qu'un journal qui se prévaut de l'étiquette de *journal catholique* et fait de la politique de parti, emploie le prestige de la religion et les ressources des catholiques à combattre des opinions que d'excellents catholiques d'un autre parti peuvent très légitimement adopter.

Et il est bien entendu que quand nous parlons de politique de parti, nous ne visons pas seulement les divergences d'opinions concernant la forme du gouvernement, mais toutes les opinions légitimement discutées entre catholiques en matière politique, économique, administrative. Il est évident qu'il y aurait ainsi quantité de questions sur lesquelles un journal dit catholique n'aurait pas à se prononcer directement. Sa besogne resterait cependant immense. De la sorte, bien des équivoques et des confusions regrettables seraient évitées.

3. Confusionnisme et indiscipline, abus de confiance et source de discordes.

Le *Messager du Cœur de Jésus* du mois d'avril a signalé, avec une extrême modération dans le ton, le confusionnisme et l'indiscipline qui régnent en France sous ce rapport.

« Que peuvent des particuliers (en faveur d'un « journal qui s'intitule catholique) quand l'orien« tation de ce journal ne s'harmonise, du point « de vue de l'organisation religieuse et de l'action « sociale, ni avec les directives de l'autorité spiri« tuelle, ni avec les tendances ou les besoins de « la région?

« Car un journal qui prétend mobiliser, au « profit de sa propagande, les ressources de l'or« ganisation catholique, doit servir loyalement « et efficacement les intérêts de la religion.

« Ne peut-on pas dire qu'il y a sur ce point, en « bien des cas, d'étranges idées? Toute collabo« ration entraîne, qu'on le veuille ou non, dépen« dance réciproque. « Je vous sers et vous me « servez ; et je vous sers dans la mesure où vous « me servez. » Voilà ce que nombre de journaux « bien pensants ne paraissent pas admettre. « Parce qu'ils se déclarent catholiques, et le sont « en effet, ils estiment que tout l'appui de l'orga« nisation catholique leur est dû. Ils l'exigent. « Leur demande-t-on de modifier leur ligne de « conduite politique ou leurs procédés adminis« tratifs, ils se retranchent derrière leur indépen« dance professionnelle. Entreprise privée quand

« il s'agit de la direction du journal, ils veulent « être regardés comme partie intégrante de l'or- « ganisation catholique quand il s'agit de sa dif- « fusion. Il y a là, croyons-nous, un malentendu « et une équivoque qu'il faudra tôt ou tard dis- « siper.

« Les catholiques français s'organisant pour la « défense de leurs droits ne peuvent négliger de « soutenir leurs journaux, et il faut souhaiter « qu'ils le fassent avec intelligence et générosité, « mais ils doivent, d'autre part, pouvoir compter « absolument sur leur presse ; il faut que les « journaux qu'ils propagent soient vraiment, « non les journaux de tel ou tel parti, mais des « journaux catholiques avant tout.

« On a souvent comparé le rôle de la presse à « celui de l'artillerie dans les batailles modernes. « Comme l'artillerie, c'est elle en effet qui ren- « verse les obstacles, et brise et écrase les offen- « sives ennemies, prépare les attaques et décide « de la victoire. Mais une armée dont l'artillerie « serait autonome, intervenant à sa guise et de « la façon qui lui plairait, serait vraiment une « étrange armée. N'est-ce pas en beaucoup de « points du pays la situation de l'armée catho- « lique? Et la question qui se pose n'est pas tou- « jours de savoir s'il y a des journaux qui sont « catholiques, mais s'ils obéissent au mot d'ordre « de l'Eglise ou à celui de leur parti ? »

C'est un fait qu'on ne peut nier : en France beaucoup de journaux prennent l'étiquette de journal catholique et sous le couvert de la défense religieuse font de la propagande politique, de la politique de parti. Le *Messager du Cœur de Jésus* en est si persuadé que, d'après lui, « le « clergé et les dirigeants catholiques ont peut-« être craint, en recommandant l'œuvre de la « presse, de paraître demander en fait aux fidèles « une adhésion à des idées politiques contestables « et de se solidariser avec un parti. »

Il y a là un abus manifeste : utiliser le prestige de l'idée religieuse et de l'étiquette catholique pour propager des opinions politiques discutables et combattre des opinions politiques légitimement professées par d'autres catholiques, est en opposition avec les directives les plus claires du Saint-Siège ; se servir de ressources fournies par tous les catholiques en tant que tels pour combattre les opinions politiques légitimes de certains de ces catholiques, c'est abuser de la confiance de ces catholiques : ce n'est ni équitable, ni favorable à l'union des catholiques.

Le Saint-Siège ordonne expressément de dissocier et de désolidariser les groupes et organismes d'Action Catholique et de Défense Religieuse d'avec les groupes politiques et d'avec toute politique de parti. Or il nous paraît incontestable que les journaux qui se présentent au public sous l'étiquette de journaux catholiques apparaissent au public comme des représentants officieux ou officiels de l'Action Catholique et de défense Religieuse. Eux-mêmes ne déclarent-ils pas fréquemment qu'ils n'ont d'autre objectif que la Défense Religieuse ? bien plus ils s'en prévalent parfois par opposition ou par comparaison avec d'autres journaux. Dès lors, ne devraient-ils pas s'appliquer les directives romaines interdisant à l'Action Catholique et à la Défense Religieuse de faire de la politique de parti ?

A supposer, du reste, qu'on veuille discuter cette qualification d'organismes d'Action Catholique que nous attribuons aux journaux qui prennent l'étiquette de journaux catholiques, il est bien clair que les raisons qui imposent aux groupes d'Action Catholique de se désolidariser d'avec les groupes politiques et d'avec toute politique de parti, valent de même pour les journaux: eux aussi, faisant de la politique de parti sous l'étiquette catholique compromettent la religion en l'exploitant au profit d'opinions politiques discutables, et au préjudice d'opinions légitimes, commettant ainsi « l'abus énorme de la religion » dénoncé par Léon XIII, condamné par Pie XI et par l'Episcopat français ; eux aussi rendent plus difficile l'union des catholiques en combattant les opinions légitimes de certains d'entre eux avec le prestige de l'étiquette catholique, qui est le prestige de la religion et de la hiérarchie, et en se servant pour cela des ressources fournies par tous les catholiques.

Et ici la chose est d'autant plus grave que ces journaux entraînent avec eux, dans leur politique de parti, de nombreux groupes d'Action Catholique et souvent même les membres du clergé, contrairement aux directives les plus nettes de Rome.

Qu'on nous permette de rappeler encore ce qu'il faut entendre par « politique de parti » dans les documents romains concernant l'Action Catholique. En effet, récemment nous trouvions sous la plume d'un journaliste éminent une définition qui, pour être très répandue, n'en est pas moins stupéfiante. Pour ce journaliste, il paraîtrait qu'on ne fait de la politique de parti que lorsqu'on fait de la propagande en faveur de la République ou de la Monarchie. Il faut affirmer, au contraire, qu'on fait de la politique de parti chaque fois qu'on prend parti pour une conception ou une attitude politique qui n'a pas de connexion nécessaire avec le dogme ou la morale ou avec les prescriptions de la hiérarchie ou de la F. N. C. en tant que mandatée par la hiérarchie, et qui, par là même, peut être librement discutée entre catholiques. Il en est ainsi même lorsque cette conception ou cette attitude n'est pas le fait d'un parti organisé, mais d'individus isolés. Et c'est bien pour cela que dans les documents romains il est précisé que l'Action Catholique et la Défense Religieuse doivent s'organiser « en dehors et au-dessus de tout parti politique », mais aussi « en dehors et au-dessus de toute politique de parti. »

Le même journaliste avait-il quelques doutes sur la valeur de sa définition? Peut-être, car il éprouve le besoin de déclarer qu'en prenant parti dans une querelle électorale, contre l'opportunité d'une certaine candidature et contre le parti qu'il rend responsable de cette candidature, il n'a en vue que les intérêts religieux. Mais il est évident que cela ne change pas la nature de son intervention. La fin d'un acte ou le motif qui l'inspire peut en déterminer la moralité, mais pas la nature. Un travail agricole reste un travail agricole, même quand on le fait pour gagner le paradis ; de même, la politique de parti reste politique de parti même quand on a pour but de défendre la religion.

Et précisément, ce qui est blâmable en pareil cas, ce n'est pas de faire de la politique de parti, c'est de pratiquer cette politique de parti au nom des intérêts religieux, de la Défense Religieuse — dont un journal politique n'est d'ailleurs pas le représentant qualifié. Il lui est permis de prendre parti au nom des conceptions politiques ou d'un parti politique ; mais prendre parti dans une querelle électorale entre catholiques, attaquer à cette occasion un parti ouvert aux catholiques au nom des intérêts religieux, voilà justement ce qui est interdit par Rome. Voilà, malheureusement, ce qui se fait tous les jours en France. — Avec un peu de psychologie, certains journalistes devraient sentir qu'il est temps de cesser ce jeu-là, car il est devenu profondément odieux à beaucoup de catholiques, à ceux qui ont le sens romain.

4. Une presse nouvelle à créer.

Le *Messager du Cœur de Jésus* cite un ordre du jour acclamé récemment dans la Marne, par les Unions Catholiques de Châlons, de Vitry et d'Epernay : « Les membres de l'Union Catholique « sont décidés à favoriser de leur sympathie, de « leurs libéralités, de leur active propagande, de

« leur constante fidélité, le journal sincèrement « et publiquement catholique ; appellent de leurs « vœux et de leurs efforts la création, la diffu- « sion et le succès des journaux de Défense Reli- « gieuse et de combat pour leurs libertés. »

« Oui, ajoute le *Messager du Cœur de Jésus*, « les catholiques appellent de leurs vœux une « presse nouvelle, de défense et de combat, qui « réponde à la situation actuelle. C'est celle-là « qu'ils soutiendront, celle-là qu'ils répandront, « parce qu'elle sera véritablement leur presse. »

Cette presse nouvelle, qui nous manque, en effet, à peu près complètement, serait exclusivement catholique, étrangère à toutes les luttes de partis, ce serait une presse de Défense Religieuse et d'Action Catholique, recevant son mot d'ordre de la hiérarchie et de la F. N. C. Il serait même normal qu'elle soit régulièrement et officiellement rattachée à la F. N. C., qualifiée pour diriger en France la Défense Religieuse et l'Action Catholique. Sous quelle forme, c'est à la F. N. C. de résoudre cette question d'ordre pratique.

Quant aux journaux déjà existants, sous peine de voir se perpétuer un confusionnisme condamné par Rome et désastreux pour l'union des catholiques, il est à souhaiter qu'au plus tôt ils choisissent franchement et ouvertement entre l'étiquette « Journal catholique » ou « Journal d'Action Catholique et de Défense Religieuse », et l'étiquette « Journal politique », ou « Journal d'action politique ».

S'ils choisissent l'étiquette « journal politique », ils appartiennent encore à la bonne presse, bien qu'ils renoncent à l'autorité morale, aux ressources, aux moyens de propagande que leur valait parfois jusqu'ici l'étiquette de « journal catholique » ; par contre, il leur reste l'usage de la juste liberté, la faculté de prendre parti dans les questions politiques, économiques et administratives librement discutées entre catholiques, et aussi ils ont les ressources fournies par les groupes politiques ou économiques dont ils soutiennent et propagent les opinions.

S'ils choisissent l'étiquette de « Journal catholique », ou de « Journal d'Action Catholique et de Défense Religieuse », ils devront se soumettre à la discipline de l'Action Catholique et de la Défense Religieuse, s'abstenant, tout comme les groupes et dirigeants de l'Action Catholique, de favoriser une conception politique ou économique au détriment d'une autre conception légitime au regard de l'Eglise ; mais aussi ils pourront compter sur le prestige moral que donne le titre de journal catholique, sur la faveur officielle de la hiérarchie et de la F. N. C., et des catholiques de toutes nuances.

Si l'on croit qu'il est chimérique ou inopportun de demander aux journalistes catholiques d'adopter ainsi spontanément une étiquette écartant toute équivoque, on pourrait encore examiner une autre solution : le Comité directeur de la F. N. C. et les Comités diocésains proclameraient officiellement que les seuls journaux qui enga-

www.ingramcontent.com/pod-product-compliance
Ingram Content Group UK Ltd.
Pitfield, Milton Keynes, MK11 3LW, UK
UKHW020934180726
13838UKWH00002B/950

9 782329 207698